KB235641

인간을 아름답게 하는 힘, 미덕

█국제제자훈련원은 건강한 교회를 꿈꾸는 목회의 동반자로서 제자 삼는 사역을 중심으로
█성경적 목회 모델을 제시함으로써 세계 교회를 섬기는 전문 사역 기관입니다.

인간을 아름답게 하는 힘, 미덕

초판1쇄 인쇄 2008년 6월 5일 · **초판1쇄 발행** 2008년 6월 10일

지은이 이관직 · **펴낸이** 김명호 · **펴낸곳** 도서출판 국제제자훈련원

기획책임 김건주 · **편집책임** 장병주 · **편집담당** 안영주, 신소영

디자인책임 고경원 · **표지 · 내지** 디자인채이

본문 일러스트 강창욱 · **마케팅책임** 김석주

등록번호 제22-1240호(1997년 12월 5일)

주소 (137-865) 서울시 서초구 서초1동 1443-26

e-mail dmipress@sarang.org · **홈페이지** www.discipleN.com

전화 편집부(02)3489-4310 영업부(02)3489-4300 · **팩스** (02)3489-4309

ISBN 978-89-5731-260-5 03230   책값은 뒤표지에 있습니다.

미덕

이관직

국제제자훈련원

Contents

Contents

이것은 가정假定입니다.

당신은 지금 나를 소개받는 자리에 나와 있습니다. 우리 두 사람은 결혼 적령기를 지난 사람들입니다. 누구나 그렇듯이 당신은 조심스럽게 가능한 한 티를 내지 않으려고 노력하면서 나를 탐색할 것입니다. 나의 머리끝에서부터 발끝까지, 손동작과 미소 짓는 얼굴까지 훑어본 당신의 머리는 대형마트의 계산기처럼 여러 목록들을 입력하며 어느 순간 총계 버튼을 누를 것입니다. 나도 마찬가지입니다.

나는 좀 더 세밀히 당신을 살피기 위해 당신이 하는 말에 귀를 기울입니다. 당신의 취미는 드럼을 연주하는 것이군요. 멋집니다. 얼마 전 외국계 회사로 스카우트되었다고요? 정말 능력이 있으십니다. 다양한 계층의 친구들도 많다니 부럽습니다. 이야기를 나눌수록 당신은 상당한 매력을 가진 사람이라는 것을 알겠습니다. 그런데…, 당신은 너무 완벽하군요. 혼자서도 즐겁고 행복하게 사는 당신에게 저 같은 사람이 필요할까 싶은 생각이 듭니다.

뒤돌아서 집으로 오는 길, 내 마음은 갈등합니다. 나는 너무 평범하여 매력적이지 않은가?, 그렇게 자기밖에 모르는 사람이니 그런 사람은 필요 없다, 너무 다재다능한 사람은 피곤하니 오히려 잘됐다 등. 혹은 공작새처럼 자신의 매력만을 뽐낸 당신의 잘난 척에 혀를 찰 수도 있고, 나의 매력을 발견하지 못한 당신의 경솔한 안목을 탓할 수도 있습니다.

단순한 예이지만 우리는 남녀 관계뿐만 아니라 인간관계에서 이런 비슷한 일들을 종종 겪습니다. 대부분 인간관계에서 생기는 갈등이나 오해는 성품에서 비롯되는 경우가 많습니다.

예시에 나온 '당신'은 에니어그램에서 7번 유형입니다. 다양한 관심사를 갖고 있으며 상당히 매력적인 타입이죠. 반면 '나'는 2번 헬퍼 유형이기 때문에 누군가를 도우면서 기쁨을 느끼는 유형입니다. 행복하고 완벽한 삶을 사는 것처럼 보이는 당신에게 내가 도움을 줄 만한 빈틈이 보이지 않으니 '나'는 '당신'에 대한 호감이 떨어질 수밖에 없습니다. 이처럼 성품을 알고 이해한다는 것은 중요합니다. 이 책에서는 성품의 긍정적인 면을 미덕으로 소개하며 각 미덕에 대한 이해를 돕고자 합니다.

최근 심리학 분야에서 인간의 긍정적인 부분에 초점을 맞춘 긍정 심리학Positive Psychology이 인기를 끌고 있습니다. 긍정 심리학에서 주로 관심을 갖는 부분이 미덕virtues입니다. 미덕은 기독교 역사에서 이미 오래

인간을 아름답게 하는 힘, 미덕

전부터 제안되어 왔고 성경에서도 여러 형태로 언급되어 있습니다.

인간을 아름답게 하며 행복하게 해주는 미덕들은 참으로 많습니다. 지적인 면과 관련된 미덕으로는 호기심, 창의성, 신중성, 학습능력, 통찰력 등이 있습니다. 사랑, 감사, 유머, 공감, 용기, 감수성, 생동력은 감정적인 영역의 미덕에 해당하며, 자기절제, 결심, 검소, 실천력, 봉사, 희망, 인내는 의지적인 영역의 미덕입니다. 대인관계적인 미덕으로는 자비, 긍휼, 겸손, 온유, 정직, 정의, 친절, 평화, 신뢰, 책임, 진실, 용서, 충성, 헌신, 사려 깊음, 리더십, 돌봄, 공동체성, 개방성이 있습니다. 이 외에도 심미성, 영성, 인품도 미덕에 포함시킬 수 있습니다. 이같은 미덕들을 지향하는 심리학과 이론은 인간의 삶을 아름답게 만드는 데 기여하고 있는 것이 사실입니다.

목회상담학자 도날드 캡스는 에릭 에릭슨의 8단계 발달심리 모델에 에릭슨이 언급한 미덕을 좀 더 기독교적으로 보완하여 연결하며 악덕과도 연결시키는 책을 썼습니다.[1] 그는 미덕이란 일회적인 행동이 아니라 지속적인 태도나 기질이며, 도덕적이며 영적인 동시에 심리적인 것이

라고 포괄적으로 이해합니다.[2]

캘빈신학대학원 총장인 코넬리우스 플랜팅가도 교육이란 지식과 기술을 습득하는 것뿐만 아니라 성품을 계발시키는 데 그 목적이 있다면서 성품을 미덕이란 말로 표현했습니다. 그는 캘빈대학 필수과목의 목적 선언문에 나타난 미덕의 의미를 다음과 같이 인용합니다.

미덕이란 어떤 방식으로 느끼며 행동하도록 정착된 기질이다. 긍휼심이 있는 사람은 마치 그것이 본성인양 인간의 고통에 대해 마음이 움직이는 경향을 보인다. 정직의 미덕을 소유한 사람은 진실을 말하는 기질을 갖고 있다. 악덕 vices 또한 기질이다. 가슴 속에 돌과 같은 마음을 지닌 무정한 사람은 습관적으로 다른 사람들의 필요를 무시한다. 기만의 악을 가진 사람은 자신의 편의를 위해 거짓말하는 기질을 갖고 있다. 미덕과 악덕이 특정한 방식으로 서로 어우러져 한 사람의 성품을 형성하고 있는 것이다.[3]

그는 기질로 자리 잡은 미덕에 대해 이런 설명을 덧붙입니다. 긍

인간을 아름답게 하는 힘, 미덕

휼심이 있는 사람은 고통에 대해 자신의 마음을 닫지 않을 뿐 아니라 doesn't 그렇게 하지도 않는다wouldn't고 말합니다. 정직한 사람의 경우 거 짓말하거나 훔치지 않을 뿐 아니라 그렇게 하려고 하지도 않는다는 것입 니다.[4)]

미덕은 하나님의 형상입니다. 미덕은 하나님이 천지를 창조하실 때 인간에게 주신 성품입니다. 반면 악덕은 죄의 결과입니다. 믿지 않는 자들도 일반은총으로 악덕에 따라 행동하지 않고 미덕을 추구하며 실천 하는 힘을 제한적으로 갖고 있습니다. 하나님은 모든 사람에게 은혜를 베푸셔서 원래의 죄성에 따라 악덕을 행하지 않도록 억제하는 기능을 주 셨습니다. 그리고 지금도 그렇게 역사하고 계십니다. 또한 윤리와 도덕, 법을 통하여 세상이 그나마 살 만한 환경이 되도록 하십니다.

예수 그리스도 안에서 회복되어 가는 크리스천들은 성령의 내주하 심을 통하여 의식적으로든 무의식적으로든 미덕을 갖춘 성품으로 변화 됩니다. 비록 그 변화가 더뎌서 우리 눈에 띄지 않고 잘 느껴지지 않지만 분명 변화되고 있습니다. 마치 씨를 뿌린 후에 싹이 나올 때, 자라는 것 이 눈에 보이지는 않지만 며칠 혹은 몇 달이 지나면 눈에 띌 만큼 자라 있는 것과 같습니다. 때로는 크리스천들이 세상 사람들과 별반 다름없는 성품을 가진 것처럼 보이지만, 분명히 우리는 마음의 변화를 사모하며 미덕을 가진 사람이 되기에 힘쓰는 사람들입니다. 왜냐하면 성령께서 우리의 마음속에서 미덕을 가진 사람이 되고 싶어하는 거룩한 욕구를 불러 일으키시기 때문입니다.

그렇다고 해서 미덕이 구원의 조건은 아닙니다. 구원은 전적으로 하나님의 은혜로 주어지는 것이기 때문입니다. 미덕은 구원의 결과이며 은혜를 입은 하나님의 백성을 향한 부르심입니다. 미덕을 많이 가진 사람이라 할지라도 하나님의 미덕에는 비할 바가 못 됩니다. 그럼에도 불구하고 하나님은 우리가 미덕을 가진 사람들로 성장하기를 원하십니다.

미덕을 갖게 되면 악덕을 극복할 수 있는 힘이 생깁니다. 예를 들면, 비록 악덕의 욕구가 생긴다고 해도 절제의 미덕으로 조절하거나 하나님 앞에 그 마음을 토하며 내려놓을 수 있습니다. 그런 의미에서 미덕은 영적 전투를 치를 때 방어용 무기도, 공격용 무기도 될 수 있습니다. 한편 마귀는 우리 속에 있는 악의 성품을 격동시켜 하나님의 뜻을 따르지 않고 악행을 하도록 유혹합니다. 그러나 예수 그리스도 안에서 성령과 동행하는 사람은 성령을 통하여 주어진 미덕과 계발된 미덕들을 사용하여 마귀의 시험과 유혹을 능히 이길 수 있습니다.

각각의 미덕은 서로를 보완할 수 있기 때문에 서로를 필요로 합니다. 하나의 미덕만으로 성품이 완성될 수는 없습니다. 그래서 다른 미덕들에 대해서 배우고 영향을 받을 필요가 있습니다. 각각의 미덕이 독립적으로 지나치게 강조되면 균형을 잃게 됩니다. 그렇게 되면 자칫 미덕이 악덕으로 변할 수 있는 위험성이 높아집니다. 각각의 미덕은 자신보다 다른 미덕들을 더 낮게 보고 겸손한 자세를 취할 때 전체가 어우러져 더욱 성숙한 사람, 더욱 성숙한 공동체를 이룰 수 있습니다.

이 책은 2007년 여름부터 9회에 걸쳐 월간 잡지 「생명의 삶 플러스」에 기고한 글들을 수정 보완한 것입니다. 성령의 아홉 가지 열매와 관련성이 있고 에니어그램과 연결점이 있는 미덕 아홉 개를 선택하여 성경 신학적 관점과 에니어그램의 관점에서 조명하였습니다. 어떻게 각각의 미덕을 함양시킬 수 있을 것인가에 대해서는 각 미덕과 관련성이 높은 성경 본문을 중심으로 찾아보려고 했습니다. 또한 미덕에 대해 다루면서도 관련성이 있는 악덕의 이슈를 부분적으로 다루었습니다.

　　저는 긍정 심리학에 대해서 전적으로 동의하지는 않습니다. 왜냐하면 긍정 심리학은 기본적으로 인간의 죄성을 심각하게 고려하지 않기 때문입니다. 하지만 창조 시에 하나님의 형상으로 지음 받은 인간의 모습을 이해하는 데 도움을 주기 때문에 긍정적으로 통찰할 수 있도록 도와주기도 합니다. 하나님의 형상을 회복해 가야 하는 크리스천이 지향해야 할 미덕, 필요한 미덕들을 하나씩 살펴보고자 합니다.

에니어그램이란 숫자 9를 의미하는 헬라어 'ennea'와 도형을 의미하는 영어단어 'gram'이 합성된 것입니다. 우리말로 풀어서 이야기한다면 '아홉 가지 유형도'라고 부를 수 있습니다. 국내에서는 편의상 그냥 '에니어그램'으로 부르고 있습니다. 기원에 대해서는 여러 학설이 있지만 현재로서는 정확한 기원을 알 수 없습니다. 에니어그램은 최소한 천년 이상 구전으로 전수되어 온 인간 이해의 한 방법으로서 20세기 초에 대중적으로 소개되기 시작했습니다. 신교에서보다는 구교에서 먼저 사용되었는데 카톨릭 공동체에서 주로 시행되어온 영적훈련의 하나로서 지도자와 피지도자가 일정한 기간 동안 관계를 맺으면서 하나님과의 관계와 영적 성장에 초점을 맞추도록 돕는 영적 지도 과정에 사용되고 있습니다.

에니어그램은 기본적으로 인간을 아홉 가지 유형으로 분류하여 이해합니다. 에니어그램을 그리는 방식을 설명하겠습니다. 동그라미를 그린 다음 동그라미 속에 정삼각형을 그립니다. 정삼각형의 꼭지점들 중 제일 위에 있는 꼭지점 밖에 9를 쓰고 시계 방향으로 3, 6을 원 밖에 기록합니다. 그렇게 되면 원은 3, 6, 9로 삼등분이 될 것입니다. 삼등분 된 원주에 각각 1, 2와 4, 5 그리고 7, 8을 쓰면 1부터 9까지의 숫자가 기록될 것입니다. 그 다음에는 9 → 6 → 3의 순서로 화살표를 기입합니다. 이 경우는 시계반대 방향이라는 것을 기억해야 합니다. 그리고 1 → 4 → 2 → 8 → 5 → 7 → 1의 순서로 화살표를 기입하면 에니어그램이 완성됩니다.

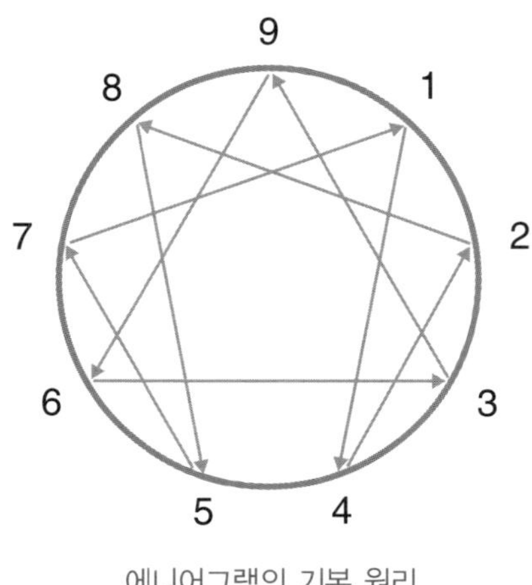

에니어그램의 기본 원리

이 화살표의 방향성은 수학적으로 의미가 있는 것으로 밝혀졌습니다. 9, 6, 3을 화살표를 따라서 이동하면 9, 6, 3, 9, 6, 3…의 형식으로 계속 순환됩니다. 수학적으로 1을 3으로 나누면 0.333…으로 끊어지지 않는 순환소수가 됩니다.

1, 4, 2, 8, 5, 7, 1 역시 화살표를 따라가면 1, 4, 2, 8, 5, 7, 1, 4, 2, 8, 5, 7, 1…의 형식으로 계속 순환될 것입니다. 수학적으로 보면 1에서 6까지의 모든 숫자를 완전 수인 7로 나누면 1의 경우에는 0.1428571428…로 순환소수가 나오고 2의 경우에는 0.28571428…로 나옵니다. 나머지는

인간을 아름답게 하는 힘, 미덕

여러분이 직접 해보셔도 좋겠습니다. 그래서 모든 경우에 1, 4, 2, 8, 5, 7, 1이 끊임없이 반복되는 순환소수가 됩니다.

화살표 방향은 에니어그램에서 중요한 의미를 갖고 있습니다. 9, 3, 6으로 화살표가 진행하는 경우와 1, 7, 5, 8, 2, 4, 1로 화살표가 진행하는 경우는 성숙의 방향을 나타냅니다.

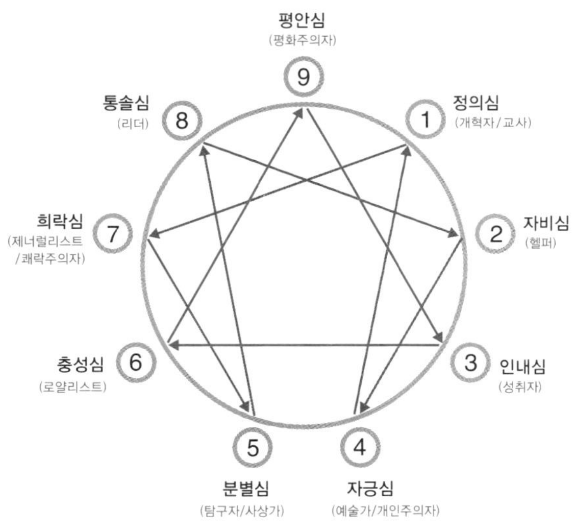

성숙 방향

화살표 방향은 집착을 극복한 정도를 보여 주는 것으로 예를 들면 9번이 성숙하려면 3번이 가진 장점, 건강함, 또는 기능의 특징을 실천하려고 노력하는 것입니다. 다르게 표현하면 9번이 충분히 성숙해지면 3번의 건강한 자질을 드러내기 시작한다고 말할 수 있습니다. 이러한 성숙은 자기 성찰과 반성에서 비롯되는데 긍정적인 방향으로 노력하다 보면 다양함을 인정하고 받아들이게 됩니다.

　이와 반대로 9, 6, 3과 1, 4, 2, 8, 5, 7, 1로 진행하는 경우는 성숙과 반대되는 역방향을 나타냅니다. 1번이 주 유형인 경우에 스트레스를 받거나 위기에 처할 때 나타날 수 있는 첫 번째 증상은 4번이 가진 약점인 우울증과 퇴폐성입니다. 이러한 순간에 자신의 의식을 돌보지 않으면 사람이나 사물에 집착하게 되고 자신과 타인에 대해서 부정적이 됩니다.

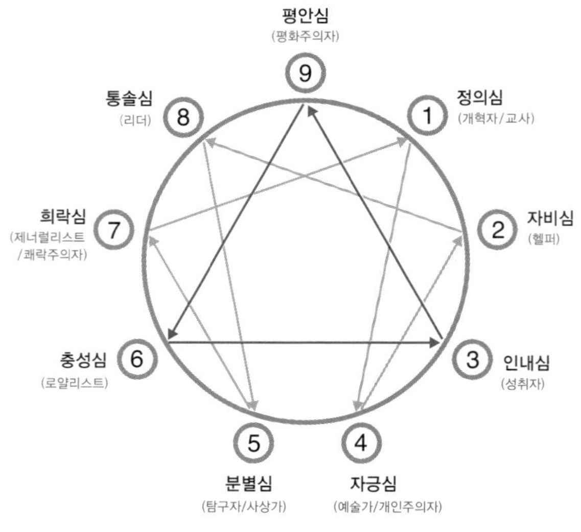

퇴행(스트레스) 방향

　각 유형에는 '날개'가 있습니다. 날개란 각 유형의 좌우에 해당하는 유형을 일컫는 것으로 예를 들면, 1번 유형의 경우에 9번과 2번을 날개라고 보기도 하고 1번에 9번 날개, 1번에 2번 날개로 구분하여 한쪽으로 더 강화된 날개를 강조하기도 합니다. 자신을 둘러싼 환경과 변화에 적응해야 할 때, 자신과는 다른 사람들을 만나 인간관계를 맺어야 할 때 필요에 따라 날개에 해당하는 유형의 에너지를 사용하게 됩니다. 자신이 갖고 있는 유형 에너지만으로는 변화와 다양한 인간관계에 적응할 수 없기 때문입니다. 그래서 제대로 날기 위해서는 양쪽 날개가 균형 있게 발달하도록 노력해야 합니다. 날개 유형은 주 유형만큼은 두드러지지 않지만 나머지 유형들 중에서 주 유형과 가장 밀접한 관계가 있으며 보완하는 기능이 있습니다.

자신의 유형이 어떤 것인지를 알려면 에니어그램 검사지를 활용하는 방법이 있습니다. 보통 날개를 염두에 두고 찾으면 비교적 정확하게 자신의 유형을 확인할 수 있습니다.

1
새로운 길을 내고
가르치는 정의심

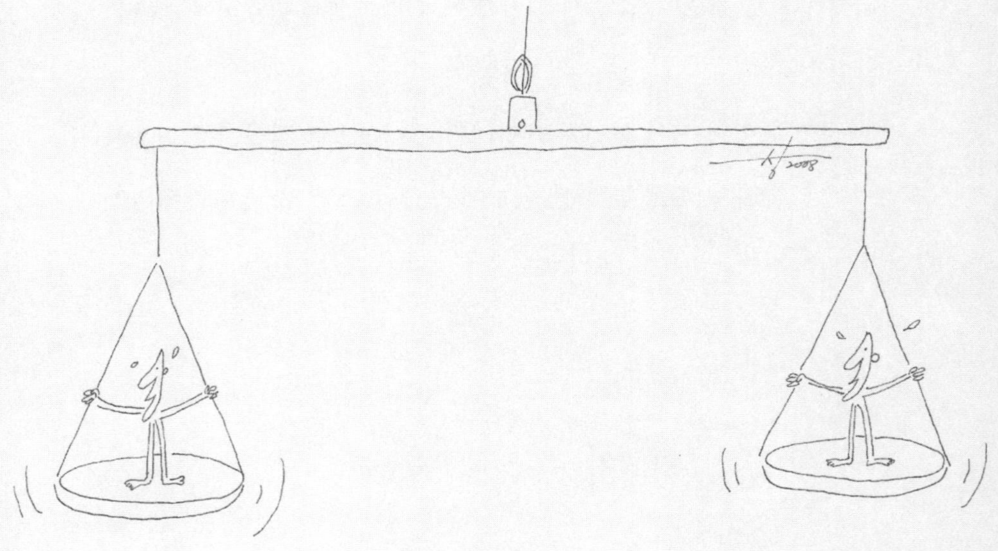

좌로나 우로나 치우치지 않는 것이 정의로움입니다.

정의심을 가진 사람들의 특징

□ 스스로 모범을 보인다.

□ 완벽을 추구한다.

□ 체계적이고 꼼꼼하다.

□ 말과 행동에 일관성이 있다.

□ 정의, 화해, 올바름에 관심이 많다.

□ 작은 실수나 결점에도 신경이 쓰인다.

□ 편한 마음으로 쉬지 못하고 농담이나 조크를 잘 못한다.

□ 자기 자신만의 평가 기준으로 자신과 남들을 평가하고 비판한다.

□ 모든 일에 솔직하고 정직하고자 한다.

□ 시간을 어떻게 활용했는지 세세히 체크해 보곤 한다.

□ 자기 발전에 대한 욕구가 강하며 자신은 더욱 발전해야 한다고
  생각한다.

□ 남에게 인정받기 전에 우선 자기 자신부터 완전무결해야 한다고
  생각한다.

✳ 이들의 주요 관심사

무엇이 옳고 그른가? 어떤 것이 정확하고 부정확한가?

너희는 근거 없는 말을 해서는 안 된다.

거짓 증언을 하여 죄인의 편을 들어서는 안 된다.

다수의 사람들이 잘못을 저지를 때에도 그들을 따라가서는 안 되며,

다수의 사람들이 정의를 굽게 하는 증언을 할 때에도 그들을 따라가서는 안 된다.

너희는 또한 가난한 사람의 송사라고 해서 치우쳐서 두둔해서도 안 된다. …

거짓 고발을 물리쳐라.

죄 없는 사람과 의로운 사람을 죽여서는 안 된다.

나는 악인을 의롭다고 하지 않기 때문이다.

너희는 뇌물을 받아서는 안 된다.

뇌물은 사람의 눈을 멀게 하고, 의로운 사람의 말을 왜곡시킨다.

너희는 너희에게 몸 붙여 사는 나그네를 억압해서는 안 된다.

너희도 이집트 땅에서 나그네로 몸 붙여 살았으니, 나그네의 서러움을 잘 알 것이다. …

너희는 엿새 동안 일을 하고, 이렛날에는 쉬어야 한다.

그래야 너희의 소와 나귀도 쉴 수 있을 것이며,

너희 여종의 아들과 몸 붙여 사는 나그네도 숨을 돌릴 수 있을 것이다.

출애굽기 23장 1-12절, 표준새번역

정의심에는

사리분별이 분명함, 공명정대함, 정의감, 의분, 공평, 정정당당함이 포함
됩니다. 정의심은 하나님이 인간에게 주신 인간성이며, 건강한 인품을
가진 자가 갖는 특성입니다. 또한 정의심은 하나님 형상의 일부입니다.
하나님은 의로우며 정의로운 분이시기 때문입니다.

정의심은 하나님을 믿는 자이든 믿지 않는 자이든 일반은총만으로
도 누릴 수 있는 자질입니다. 인간에게 정의심이 있기에 사회와 국가에
범죄가 범람하지 않는 것입니다. 국가에는 정의를 지키며 담당하는 사법
부가 있습니다. 경찰이 사회에서 일어나는 범죄를 그나마 억제하는 역할
을 하고 있기 때문에 사람들은 비교적 안전한 환경에서 살 수 있습니다.

그러나 크리스천들이 지향하는 정의심은 일반 사람들이 말하는 정

의심과는 조금 차이가 있습니다. 크리스천은 빛 가운데 행하는 사람들이기 때문에 어두움에 있는 사람들보다 이 사회의 어두운 영역에 대해 더 민감하고 갈등하며 변화를 위해 노력해야 합니다. 그래서 하나님은 크리스천들에게 일반인들이 말하는 정의심보다 더 높은 차원의 정의심을 요구하고 기대하십니다.

목회상담학자 그래함은 정의에 대해 '인간과 인간이 속해 있는 다양한 세상들과의 옳은 관계'라고 말한 바 있습니다.[5] 그의 말에 따르면 정의는 관계성과 사회성 속에서 드러난다고 할 수 있습니다. 인간은 홀로 사는 존재가 아니라 다른 사람과 함께 사는 존재이기 때문에 사랑과 정의가 필요합니다. 가족이나 친구, 직장동료와 성도들과의 관계는 물론 사회와 국가, 더 나아가 생태계와 옳은 관계를 유지하기 위해서는 정의가 반드시 지켜져야 합니다. 그래서 모든 인간에게 꼭 필요한 것이 바로 정의심입니다.

서로 떨어질 수 없는 정의와 사랑

정의심은 하나님의 속성입니다. 하나님은 사랑과 긍휼이 풍성한 동시에 거룩하고 정의를 사랑하는 분이십니다. 하나님의 사랑과 정의는 분리할 수 없는 속성입니다.

구약의 역사를 보면 하나님은 이스라엘 백성들이 정의롭게 사는

인간을 아름답게 하는 힘, 미덕

공동체를 이루기 원하셨다는 것을 알 수 있습니다. 그래서 하나님은 그들에게 율법을 주셔서 약자들에 대해 관심을 갖고 고아와 과부를 돌아보게 하셨습니다. 또한 타국인들을 배려하며 소수민은 옹호할 것을 명하셨습니다.

그러나 실제로 이스라엘 백성들은 그렇게 살지 못했습니다. 그들이 하나님을 배반하고 이방 신들을 좇을 때 불의는 더 두드러지게 나타났습니다. 북쪽 이스라엘과 남쪽 유다가 멸망하는 과정에서 이스라엘과 유다에서는 정의 대신 불의가 팽배했습니다. 이사야, 예레미야, 아모스, 미가와 같은 선지자들은 이스라엘 백성들의 불의한 삶에 대해 구체적으로 고발하며 정의롭게 살 것을 외쳤지만, 오히려 핍박을 당하고 생명의 위협을 당했습니다. 이스라엘과 유다의 왕들과 지도자들은 대부분 약자들을 소외시키고 힘 있는 자들의 편을 들며 하나님의 뜻과 반대로 살았습니다. 이렇게 권력 계층에서부터 불의가 행해지다 보니 자연스럽게 백성들까지 본받게 되었지요. 선지자들은 지도자들과 백성들의 악행에 대해 하나님의 심판을 예언하였습니다.

사도 바울은 권세자들이 공연히 칼을 갖고 있는 것이 아니라고 말합니다. 그리고 그들은 '하나님의 일꾼으로서, 나쁜 일을 하는 자에게 하나님의 진노를 집행하는 사람'이라고 설명합니다.롬 13:4 오늘날로 말하면 사법부와 입법부, 행정부는 국가의 정의를 실천하는 하나님의 도구이자 종입니다. 크리스천을 포함해서 모든 국민은 이 권위에 순종해야 합니다. 그러나 이 권력 기관들이 하나님의 정의를 제대로 실현하지 못한다면 그것은 하나님께 불순종하는 것입니다. 그럴 경우, 하나님은 선거와 같은 국민들의 의사표현을 통해서도 이같은 기관과 정부에 대해서 심판하십니다.

율법의 기능은 인간이 죄인임을 깨닫게 하고, 옳고 그름을 판단할 수 있도록 하는 데 있습니다. 그러나 율법이 이러한 원래 기능을 잃어버릴 때 율법주의가 되고, 이는 형식주의자와 외식주의자를 만들 수 있습니다. 외식주의자는 하나님을 두려워하기보다 사람들의 눈을 의식하는 사람입니다. 그는 사람들이 보지 않을 때는 죄를 범하며 불의를 행하지만, 사람들이 볼 때는 정의를 실천하는 것처럼 행동합니다. 율법주의에 빠졌던 바리새인들은 겉으로는 화려하게 회칠한 무덤처럼 정의롭게 보였지만 내면적으로는 썩은 뼈가 굴러다니는 모습이었습니다. 예수님은 이들을 향하여 "뱀들아, 독사의 자식들아, 너희가 어떻게 지옥의 심판을 피하겠느냐?" 하고 분노하셨습니다. 마 23:33

다시 기회를 주는 사랑_ 간음하다가 현장에서 붙잡힌 여인을 데리고 온 서기관들과 바리새인들은 사랑과 정의라는 상충된 두 면을 사용하여 예수님을 곤경에 빠뜨리려고 시험했습니다. 그들은 예수님께 "모세는 이런 여자를 돌로 쳐서 죽이라고 우리에게 명령했습니다. 그런데 선생님은 이 일을 놓고 뭐라고 하시겠습니까?"라고 질문했습니다. 이러지도 저러지도 못하는 '이중구속' double-bind 상황에서 예수님은 몸을 굽혀 손가락으로 땅에 글씨를 쓰면서 창의적인 대안을 제안하셨습니다. 오히려 고소하

인간을 아름답게 하는 힘, 미덕

는 그들을 '이중구속' 상황에 빠지게 하신 것입니다. "너희 중에 죄 없는 자가 먼저 돌로 치라." 이 말씀을 듣고 무리는 양심의 가책을 받아 어른부터 젊은이까지 하나씩 그 자리를 떠났고 예수님과 그 여자만 남게 되었습니다. 예수님은 그 여자에게 "나도 너를 정죄하지 아니하노니 가서 다시는 죄를 범치 말라"고 말씀하셨습니다.

놀라운 것은 예수님을 곤경에 빠뜨리려는 악한 의도를 갖고 찾아온 서기관들과 바리새인들에게도 자신들이 죄가 없지 않다는 것을 깨달을 수 있는 약간의 양심이 남아 있었다는 사실입니다. 만약 그때 자각할 수 있는 능력이 없고 자기 의로움으로만 꽉 찬 사람이 한 명이라도 있었다면 그 여인은 돌에 맞아 죽었을 것입니다.

한 학술 대회에서 이 본문으로 설교하시던 목사님이, 이때 돌을 던진 한 여자가 있었는데 바로 가톨릭에서 무흠하다고 말하는 성모 마리아였다고 해서 모두 웃었던 기억이 납니다. 정의를 실천하되 죄를 지은 한 인간의 중심을 보며 다시 기회를 주는 사랑이 실천될 때 정의와 사랑이 함께 구현될 수 있습니다.

관계 속에서 꽃피는 하나님의 정의_ 현대 신학에 있어서 사회 정의에 가장 민감하게 반응했던 것은 해방신학 국내에서는 민중신학 이었습니다. 해방신학이 지향하는 목표는 정의를 구현하고 실천하는 것입니다. 과거 보수적인 한국 교회들이 대부분 정치와 종교를 분리하여 국가가 불의를 행할 때 침묵했던 것은 부끄러운 일입니다. 이는 선지자적인 용기가 없었다는 증거이며, 더 나아가 사회적인 정의를 실천하기보다는 개인적인 영혼 구원에 만족하며 안주하려고 했기 때문입니다.

예수 그리스도가 빠진 상태에서 사회 정의를 구현하는 것이 교회의 목적이 될 수는 없습니다. 하지만 사회 정의를 실천하려고 애쓰지 않는 개인 구원 중심적인 사역 또한 균형을 잃은 것입니다. 왜냐하면 하나님의 정의는 다른 사람과의 관계를 통해 꽃 피며 사회 속에서 열매를 맺기 때문입니다.

그래함은 정의는 억압과 복종 대신에 평등성과 상호성을 추구한다고 주장합니다.[6] 그의 이러한 주장에는 여성주의적인 시각이 드러납니다. 많은 한국 교회의 시스템은 그래함이 지적한 정의 개념으로 볼 때 억압적이며 역기능적인 요소를 담고 있습니다. '서로서로' 남을 나보다 낫게 여기고 여성과 남성이 서로를 존중하며 힘을 실어주는 신앙 공동체가 될 때 교회는 정의를 실천하는 공동체가 될 수 있습니다.

그래함은 성경에서 말하는 샬롬을 구현하기 위해서는 사랑의 동기에서 출발한 정의를 실천하는 것이 필요하다고 역설합니다.[7] 그는 불의란 억압과 소외 그리고 학대의 형태로 이웃을 해치며 샬롬을 파괴하는 일종의 무정함_lovelessness_이라고 했습니다.[8] 이같은 정의롭지 못한 상태로부터 '해방시키고' '동참하며' 약한 자들을 '양육하는' 것이 정의를 실천하는 구체적 방법이라고 말합니다.[9]

정의로 빛을 부르다_ 하나님은 출애굽기 본문에서 이스라엘 백성들

인간을 아름답게 하는 힘, 미덕

에게 이방 나그네를 압제하지 말라고 말씀합니다. 이스라엘은 애굽에서 종살이한 경험이 있기 때문에 외국인으로 산다는 것이 어떤 것인지를 몸소 겪은 민족입니다. 그래서 외국인의 심정을 더 잘 공감할 수 있었을 것입니다.

한국 사회에서 점점 늘어가는 외국인들을 사랑과 정의로 돌보는 것이 하나님의 뜻에 순종하는 것입니다. 조금 더 잘 산다고 해서 가난한 나라에서 온 사람들을 무시한다든지 경제적으로 착취하는 것은 하나님의 진노를 사는 일입니다. 적극적으로 이들을 돌보아야 할 책임이 크리스천과 교회에 있습니다. 하나님은 이름도 없이 빛도 없이 이들을 돕는 사람들과 기관들의 사역을 귀하게 보십니다.

프레만 나일스D. Preman Niles 는 "성경적으로 말해서 정의란 '무엇이 옳으냐'라고 하는 추상적인 개념이 아니다. 오히려 그것은 경제적 착취, 성차별주의, 인종차별주의, 계급주의, 땅 투기, 고문과 같이 정의가 거절되는 실제적 상황에서 이해되며 실천되어야만 한다"라고 말합니다.[10] 나일스의 이같은 주장에 비추어 볼 때 한국 크리스천들은 전통 유교 문화의 역기능적인 요소와 역기능적 가정에서 성장하면서 알게 모르게 영향을 받은 불의가 자신들의 정신세계와 신앙생활에 어떻게 '내면화' internalization 되었는지에 대해서 살펴볼 필요가 있습니다.

특히 유교 문화권에서 전승되어 온 남성선호사상과 계급주의적인 문화가 크리스천들의 무의식 속에서도 여전히 숨 쉬고 있음을 깨닫고 이것을 성경적으로 변화시켜야 할 것입니다. 또한 교회는 사회 정의를 외치기 전에 먼저 교회 내의 불의한 것들을 인식하고 정의롭게 수정, 변화해야 합니다. 교회 안에서 정의가 실천되지 못한다면 사회와 국가를 향해서 선지자적인 목소리를 낼 수 없기 때문입니다. 설령 소리를 낸다 하더라도 그 목소리에 귀 기울이는 자가 없을 것입니다.

정의가 구현되는 곳에 악은 물러가고 어두움은 사라집니다. 빛이 들어오기 때문입니다. 정의심을 느끼며 정의를 실천하는 것은 마귀와 영적 전투를 하는 것입니다. 거짓과 기만 대신에 진실을 구현하는 영적 전투입니다. 종말이 오기 전까지 여전히 이 땅에는 불의가 있고 깨어진 부분이 존재할 것입니다. 그러나 정의심을 갖고 소금과 빛의 역할을 하는 크리스천이 많아진다면 한국 사회와 국가에 하나님의 통치와 뜻이 보다 편만하게 이루어질 것입니다.

공평과 사랑의 잣대가 필요한 사람들

율법은 정의를 실천하는 데 중요한 잣대가 됩니다. 하지만 율법을 자신에게 적용하기보다 다른 사람에게 적용하려는 사람들은 "어찌하여 너는 남의 눈 속에 있는 티는 보면서, 네 눈 속에 있는 들보는 깨닫지 못하느냐?"라고 하시는 주님의 음성을 들어야 합니다.마 7:3 먼저 자신의 눈 속에 있는 들보부터 빼내야 정의를 부르짖을 수 있습니다. 자신의 눈에 들보가 있는 것은 깨닫지 못하고 타인의 눈 속에 있는 티를 빼려고 하는 것은 심리학 용어로 투사projection라고 합니다.

반면 보이지 않는 곳에서는 불의를 행하면서 역설적으로 정의를 외치는 사람들은 억압된 자신의 욕구를 반대 경향의 행동으로 표현하여 자신을 방어하기도 합니다. 정의를 부르짖고 정의로운 사회를 실천하는 데 앞장 설 때 사람들은 그가 불의한 사람이라고 짐작하지 못하기 때문입니다. 예를 들면 전처의 딸을 맡아 기르게 된 계모가 오히려 지나칠 정도로 그 아이를 귀여워하는 경우도 여기에 해당합니다.

삐뚤어진 정의심이 낳는 성격_ 많은 성격장애들이 정의심과 연관이 있습니다. 어떤 사람은 '사소한 일에 목숨을 거는' 행동강박성 성격 장애을 하곤 합니다. 전체 숲은 보지 못한 채 나무 몇 그루만 보면서 분노하고 정의를 외칩니다. 자신은 정의를 위해 행동한다고 생각하지만 객관적으로 다른 사람들과 다른 교회들은 그렇게 보지 않는 경우도 많습니다. 사소한 일까지 법대로 하자고 외치는 것도 하나님의 뜻과는 거리가 먼 태도입니다.

또한 자기가 하는 것은 다 옳다고 생각해서 자신이 잘못했을 때에도 사과하거나 용서를 구할 줄 모르는 사람들자기애성 성격장애이 있습니다. 이런 사람들은 발생한 사건이나 타인들과의 관계도 자기중심적으로 해석하기 때문에 사회적인 정의를 실천하기가 어렵습니다. 이들은 "I'm OK, but you're not OK"식의 태도로 정의를 내세우기도 하는데 예를 들어, 자기가 살기 위해 부하들을 희생양으로 삼는 일부 지도자들의 행동은 정의와는 거리가 멀며 자기중심적인 자기애의 극단적인 예를 보여 줍니다.

어떤 사람은 타인을 지나치게 의존해서 스스로 판단하는 능력이 현저히 떨어지기도 합니다.의존성 성격장애 그래서 이 사람들은 무엇이 정의롭고 불의한지에 대해 확신이 없을 뿐만 아니라 불의를 행하는 것을 보고도 경제적으로나 심리적으로 의존되어 있을 경우 용기 있게 정의로운 목소리를 낼 수 없습니다.

심하면 불의한 사람들이나 도적과 짝하여 뇌물을 상납 받으며 공생관계를 유지합니다. 정의 구현을 표방하는 경찰이 조폭과 손을 잡고 상납금을 받는 것이 여기에 해당합니다. 뇌물을 받고 판결 과정에서 불의의 편을 드는 판사, 검사 또는 변호사들의 모습에서도 이러한 성향동반 의존성이 잘 드러납니다. 여기에 대한 상세한 설명은 제2장 '자비심'에서 다루었습니다. 윗사람의 비호로 장관이 되거나 헌법재판관이 되어 윗분의 눈치를 보느라 소신 있는 행정이나 판결을 하지 못하는 경우도 이같은 현상으로 볼 수 있습니다. 목회자들의 경우, 교회의 힘 있는 장로나 집사들이 비성경적으로 교회의 행정 업무를 담당할 때 침묵하는 것도 바로 이 때문입니다.

대인관계에서 남달리 부끄러움과 불안이 많은 사람들회피성 성격장애이 있습니다. 이들은 불의한 것을 보더라도 소신 있게 말할 용기를 내지 못합니다. 그래서 불안한 상황이 되면 갈등을 억압하거나 분노를 억압함으로써 불의한 상황을 회피합니다.

인간을 아름답게 하는 힘, 미덕

어떤 사람은 불의한 일을 볼 때에 지나치게 분노하고 때로는 통제할 수 없을 정도로 분노를 표출하기도 합니다._{경계선 성격 장애} 누군가 조금만 실수하고 잘못해도 크게 화를 내기 때문에 상대방과 공동체에 깊은 상처를 줄 가능성이 많습니다. 경계선 성격과 강박성 성격을 같이 갖고 있는 사람들은 '빈대 한 마리 잡으려다가 초가삼간을 태우는' 행동을 할 위험이 높습니다.

정의로우신 하나님과 비교할 때 인간은 아무리 정의롭다고 해도 완벽할 수 없습니다. 그래서 우리가 속해 있는 교회 공동체도 정의로움과 불의가 어느 정도 섞여 있음을 받아들이고 이해해야 합니다. 정의로움과 불의함을 완전히 분리시키면 그것은 자칫 경계선 성격으로 굳어져 대인관계에 장애가 될 수 있기 때문입니다. 사회 속에서 정의를 실천할 때에 '부자는 나쁜 사람, 가난한 사람은 좋은 사람' 과 같은 단순한 도식과 생각을 가지고 접근하는 것은 매우 유아적인 심리 상태임을 드러내는 것입니다.

"나는 완벽해야 한다"

정의심은 건강한 분노와 밀접한 관계가 있습니다. 에니어그램의 1번이 갖는 대표적인 감정은 분노인데 분노는 정의심을 실천하게 하는 에너지를 제공합니다. 분노는 파괴적이며 치명적인 결과를 가져오기도 하는 위험한 감정이기도 하지만, 변화와 치료를 가져올 수도 있는 긍정적인 감정이며 하나님의 형상으로 지음 받은 인간에게 부여해 주신 소중한 선물과 은총이기 때문입니다.[11] 정의심과 분노심 모두 하나님 형상의 일부이며 우리에게 주신 선물입니다. 그러나 분노가 균형을 잃으면 파괴적이 될 수 있듯이 정의심도 마찬가지입니다.

1번 유형이 아니어도 모든 인간은 정의심이나 양심을 갖고 있지만 태어날 때부터 기질상 정의심에 민감한 사람들이 있습니다. 그리고 부모님이 어떻게 양육했느냐에 따라 정의심이 민감하게 작동되는 사람들이 있습니다. 보통은 이 두 가지 요소가 복합적으로 작용하여 에니어그램의 1번 '개혁자' 또는 '교사' 유형이 됩니다. 이들은 일반적으로 주어진 은총과 달란트를 가지고 성격상 정의로운 것을 추구합니다.

정의에 대해서 민감한 1번 유형은 정의를 구현하려다 변화가 없으면 쉽게 좌절할 위험이 있습니다. 1번이 위기에 빠지거나 스트레스를 받으면 4번 '예술가' 형이 건강하지 않을 때 드러내는 모습인 우울증과 퇴폐성이 나타납니다. 1번 유형인 모세의 경우, 율법의 수여자로서 이상주의적인 성향이 강하고 규정과 법을 지키는 것을 중요하게 여겼습니다. 그러나 그도 엘리야처럼 좌절되는 순간에 죽음을 구할 정도로 우울증 증상을 나타냈습니다. 정의 실현이라는 이상과 현실의 괴리감이 크면 클수록 이런 성향이 드러나게 됩니다.

🔍 1번이 균형 있게 정의를 부르짖고 실천하면서 용기를 잃지 않기 위해서는 7번 '제너럴리스트'의 장점인 삶을 넓게 보는 시각과 다양한

관심사를 갖는 일이 필요합니다. 세상은 자신이 보는 것보다 훨씬 넓으며 여전히 이 땅에 그리고 한국 교회에 정의롭게 살려고 힘쓰는 자들이 적지 않음을 볼 수 있어야 합니다.

로어와 에베르트는 제1차 세계대전 후에 그 이름이 널리 알려진 현대 신학자 칼 바르트를 1번으로 봅니다.[12] 그는 당시 자유주의 신학의 흐름에 대항해서 종교개혁자들이 주장한 신학의 전통을 강조했다는 점에서 용기 있는 신학자였습니다. 그는 취미로 바이올린을 연주하는 여유가 있었고 특히 경쾌하고 쾌활한 음악을 주로 작곡한 모차르트를 매우 좋아했습니다. 천국에 가서 가장 만나보고 싶은 사람이 모차르트라고 말했다는 일화가 전해질 정도로, 그가 자칫 빠질 수 있는 지나친 심각성과 우울증을 모차르트의 음악을 통해서 극복했던 것입니다. 그런 점에서 바르트는 건강한 1번이라고 평가할 수 있겠습니다.

1번의 날개는 9번 '평화주의자' 또는 2번 '헬퍼'입니다. 옳고 그른 것에 분명하며 보다 나은 사회를 지향하는 1번 '개혁자' 유형의 사람은 자신에게 있는 분노의 에너지를 사용하되 타인들과 협력하며 화평하고자 노력할 때 균형을 잡을 수 있습니다. 독단적인 개혁이나 급작스럽게 변화를 시도하기보다는 인내하면서 점진적으로 할 때 사람들을 덜 다치게 합니다. 2번의 날개를 활용할 필요가 있는 1번은 자신의 이슈나 이익을 옹호하기 위해 목소리를 내는 대신 타인을 돕고자 하는 이타적인 동기를 갖는 것이 중요합니다.

또한 정의심은 상대적일 수 있음을 인식해야 합니다. 갈등과 분쟁

이 있는 교회에 속한 교인들의 이야기를 들어보면 각자 자기가 옳다고 주장하며 자기가 정의를 구현하려고 한다는 경우가 대부분입니다. 그래서 누구의 말이 맞는지 혼란스러울 때가 많습니다. 개혁자는 자신의 틀 속에서 이해하려는 자기중심적인 생각에서 벗어나야 합니다. 상대방의 입장에서 생각하고 느낄 수 있는 공감 능력이 있을 때 건강한 개혁자 유형으로 자리매김할 수 있습니다.

길을 내는 개척자, 사도 바울

사도 바울은 개혁자형의 대표주자입니다.

그는 원래 바리새파 출신으로 유대교 신앙에 열심 있는 사람이었습니다. 스데반을 죽일 때 증인으로 섰으며 기독교인들에 대한 분노감에 불타 다메섹까지 가서 그들을 핍박하려 했습니다. 그러나 예수님을 만난 뒤로 건강한 개혁자형으로 바뀌었습니다.

그는 예수님의 수제자 베드로의 외식에 대해 면전에서 직언을 할 만큼 옳고 그름에 대한 판단이 분명했습니다. 그는 현실에 만족하고 안주하기보다는 "앞에 있는 것을 잡으려고 푯대를 향하여 좇아가노라"고 말했던 건강한 개혁자형 리더였습니다. 자신의 약함을 인식하면서도 타인들을 향하여 "내가 그리스도를 본받는 것같이 너희도 나를 본받는 자가 되라"고 한 것처럼 뛰어난 인격과 윤리 의식을 갖고 있었습니다. "나는 누구의 은이나 금이나 옷을 탐낸 일이 없습니다. 여러분이 아는 대로, 나는 나와 내 일행에게 필요한 것을 내 손으로 일해서 마련하였습니다. 나는 모든 일에서 여러분에게 본을 보였습니다."^{행 20:33-35a}

바울의 1번 특성이 잘 나타난 것은, 2차 선교여행에서 마가와 동행하는 문제로 바나바와 의견을 달리하면서 "한 가지로 일하러 가지 아니한 자를 데리고 가는 것이 옳지 않다 하여 서로 심히 다투어 피차 갈라"선 사건입니다.

－이관직 『성경인물과 심리분석』 중에서

🐝 건강한 정의심 만들기 프로젝트

편들지 말라_ 하나님은 재판 과정에서 편들지 말라고 명령합니다. 다수가 잘못된 길로 갈 때 다수결의 원리로 소수의 옳은 소리를 무시하는 것은 정의로운 것이 아닙니다. 뿐만 아니라 하나님은 약자라고 해서 지나치게 치우쳐서 보호하거나 옹호하는 것도 하나님의 뜻이 아니라고 말씀합니다. 인간은 양극단을 달릴 수 있는 위험성이 있음을 인식하고 살아야 합니다. 남성에게 눌려 있었다고 지나치게 여성을 편들거나 극단적인 여성주의를 주장하는 것은 정의로운 일이 아닙니다. 가정에서 자녀를 양육할 때 큰 아이를 편들거나 동생이라고 편애하는 것도 마찬가지입니다.

또한 가난한 자의 송사에 대하여 공평하게 하라고 명령합니다. 가난한 자의 소송에 대해 무시하거나 돈 많은 자의 편을 들지 말라는 것입니다. 크리스천 검사, 변호사, 판사들은 이 말씀을 귀담아 들어야겠습니다. 교단에서 교회의 소송 사건을 처리할 때에도 약자의 호소를 무시하지 말아야 합니다. 크리스천 언론사들은 취재할 때에 약자의 소리에도 귀를 기울이고 기사를 써야 할 것입니다.

뇌물을 받지 말라_ 하나님은 "너희는 뇌물을 받아서는 안 된다. 뇌물은 사람의 눈을 멀게 하고 의로운 사람의 말을 왜곡시킨다"고 말씀합니다. 뇌물을 받는 것은 탐욕을 채우는 것입니다.

돈을 사랑하는 것은 일만 악의 뿌리라고 성경은 말합니다. 오늘날 뇌물로 인하여 파멸로 치닫는 공무원들이나 정치인들이 여전히 많습니다. 십만 원 권 지폐를 발행하지 못했던 이유 중의 하나가 뇌물을 줄 때 부피가 줄어들어 뇌물을 조장할 수 있다는 염려 때문이라고 하는 것은 한국 사회에 불의한 뇌물이 여전히 많음을 말해 줍니다.

기부로 나눔을 실천하라_ 안식년에는 땅을 갈지 않고 묵혀 두어 "네 백성의 가난한 자로 먹게 하라 그 남은 것은 들짐승이 먹으리라"고 하나님은 말씀하셨습니다. 룻기에는 이방 여인 룻에 대한 보아스의 긍휼과 정의가 잘 드러납니다. 그는 추수할 때 가난한 룻을 위하여 곡식을 완전히 다 거두지 않으며 식사할 때 곡식 베는 자들과 함께 식사할 수 있도록 배려했습니다. 룻 2장 참조 부유한 자들이 가난한 자들에 대해 배려하는 사회가 될 때 하나님의 정의가 실천됩니다. 부익부 빈익빈이 심화되고 있다면 그 사회는 하나님의 정의로부터 멀어지고 있다는 증거일 것입니다. 수입의 1퍼센트라도 기부하는 습관을 들이는 것이 작은 출발이 될 수 있습니다.

행복한 직장이 되게 하라_ 안식일에는 종들과 나그네도 쉴 수 있게 하신 하나님의 배려를 생각해야 합니다. 휴식이나 휴일조차 박탈하거나 근무시간을 늘이는 대신 월급은 현상유지 하거나 감봉하는 것은 정의로운 일이 아닙니다. 반면 개인의 봉급을 올리기 위해 기업이나 국민들에게 끼쳐지는 피해는 고려하지 않고 일방적으로 자신들의 요구만 내세우는 노동쟁의도 정의로운 것이 아닙니다. 고용주나 피고용자가 모두 균형 있게 서로를 고려하고 배려하는 사회가 되도록 개인적으로나 시스템적으로 노력하는 데 참여하는 것이 정의를 실천하는 것입니다. 특히 크리스천 고용주들은 직원들에게 복지와 적절한 보수를 제공함으로써 직원들과 그들에게 딸린 가족들이 행복을 느끼며 살 수 있도록 배려해야 합니다.

정의심을 가진 당신을 위한 격려

정의를 실천하기 위해 필요한 감정과 에너지는 무엇일까요? 바로 분노입니다. 당신은 죄에 대해 분노해야 정의를 옹호할 수 있는 용기와 힘을 얻는 타입이지요. 중요한 것은 분노하면서도 죄를 짓지 않도록 유의하는 것입니다. 과도하게 분노하거나, 분노를 억압하여 보복하거나, 파괴적으로 분노하는 것은 죄가 되니까요. 정의를 부르짖다가 균형을 잃어버려서 사랑과 용서를 실천하지 못할 수 있습니다.

그렇다면 정의와 사랑을 균형 있게 구현할 수 있는 방법을 알려 드리겠습니다. 당신이 이 방법을 잘 훈련한다면 균형 잡힌 정의심으로 건강한 영향력을 미칠 수 있을 것입니다.

노하기를 더디 하라, 타이밍을 잘 맞추라, 적절하게 매를 들라, 일인칭 화법을 사용하라, 다투지 말라, 원망하지 말라, 비방하거나 판단하지 말라, 희생양을 만들지 말라, 분노하라 그러나 미워하지 말라, 분노하라 그러나 죄를 짓지 말라.

2
헬퍼의 따뜻한 손길, 자비심

우리는 서로 도움을 주고받는 존재로 지어졌습니다.

자비심을 가진 사람들의 특징

☐ 다른 사람의 감정에 잘 공감하는 편이다.

☐ 책임감이 있고 근면하다.

☐ 협력적이고 관대하다.

☐ 관계를 잘 맺는다.

☐ 타인의 욕구를 잘 알아차린다.

☐ 상대가 감사를 표하지 않을 때 분노가 일어난다.

☐ '아니오' 라고 말하는 것이 어렵다.

☐ 때로는 다른 사람을 위해 능력 이상의 일을 하려 든다.

☐ 나를 의지하고 기대는 사람들이 많다.

☐ 사람들이 위안과 조언을 얻기 위해 나한테 오기를 바란다.

☐ 주위 사람들이 보이는 반응에 민감하다.

☐ 사랑을 주고받는 것이야말로 인생에서 가장 소중하다.

✳ 이들의 주요 관심사

내가 필요한 일인가? 다른 사람들이 나를 좋아할까?

"어떤 사람이 예루살렘에서 여리고로 내려가다가 강도들을 만났다.

강도들이 그 옷을 벗기고 때려서, 거의 죽게 된 채로 내버려 두고 갔다.

마침 어떤 제사장이 그 길로 내려가다가 그 사람을 보고 피하여 지나갔다.

이와 같이 레위 사람도 그 곳에 이르러서 그 사람을 보고 피하여 지나갔다.

그러나 어떤 사마리아 사람은 길을 가다가 그 사람이 있는 곳에 이르러,

그를 보고 측은한 마음이 들어서, 가까이 가서,

그 상처에 올리브 기름과 포도주를 붓고 싸맨 다음에,

자기 짐승에 태워서 여관으로 데리고 가서 돌보아 주었다.

다음날 그는 두 데나리온을 꺼내어서 여관 주인에게 주고 말하기를

'이 사람을 돌보아 주십시오. 비용이 더 들면 내가 돌아오는 길에 갚겠습니다' 하였다.

너는 이 세 사람 가운데서, 누가 강도 만난 사람에게 이웃이 되어 주었다고 생각하느냐?"

그가 대답하였다. "그에게 자비를 베푼 사람입니다."

예수께서 그에게 말씀하셨다. "가서 너도 그와 같이 하여라."

누가복음 10장 30-37절, 표준새번역

두 번째 미덕--〉 **자비심**

자비심의

동의어로는 긍휼심, 연민, 동정심, 공감, 자애, 인자함 등이 있습니다. 자비란 힘을 가진 사람이 약자에게 긍휼한 마음으로 베푸는 행동입니다. 자비는 강자가 자발적으로 베푸는 것이지만 약자가 강자에게 자비를 간청하는 경우도 있습니다. 이것은 하나님과 인간 사이에서 잘 나타납니다. 하나님은 먼저 자발적으로 인간에게 자비를 베풀고 용서해 주십니다. 그러나 죄인인 인간의 입장에서는 그 자비를 힘입어 회개할 수도 있고 자비를 베풀어 줄 것을 간구하여 자비의 혜택을 누릴 수도 있습니다.

자비의 구체적인 예를 든다면, 법적으로 사형집행에서 무기징역으로 감형이 되거나 복역 기간이 단축되는 경우입니다. 종종 대통령 특별사면으로 감옥에서 풀려나는 사람들이 있습니다. 이들은 대통령이 자신에게 부여된 권위로 자비를 베풀어 자유의 몸이 되는 것입니다.

자비심과 동의어인 긍휼심compassion은 '…와 함께'com라는 뜻의 접
두어에 '열정'passion이 어우러진 단어입니다. 따라서 사전적 의미로 긍휼
심은 "타인의 고통에 동참하며 그 고통을 경감시키고 싶은 마음'이라고
할 수 있습니다. 긍휼심은 공감empathy과 함께 생기는 것인데 공감이란 단
어는 'em'안에이란 접두어에 'pathy' 정열, 충동, 헬라어 pathos에서 온 단어가 합성
되어 생긴 단어입니다. 단어의 의미처럼 긍휼심은 상대방의 입장이 되어
볼 때 생기는 감정입니다.

공감과 실천이 어우러지는 신앙

선한 사마리아인의 비유를 말씀하신 예수님은 율법사에게 "누가
강도 만난 사람에게 이웃이 되어 주었다고 생각하느냐?"라고 물으셨습
니다. 그때 율법사는 "자비를 베푼 자니이다"라고 대답했습니다. 예수님
은 이 답을 직접 말씀하시지 않고 "내 이웃이 누구입니까?"라며 자신을
옳게 보이려고 질문한 그의 입을 통해 나오게끔 유도하신 것입니다.

여기서 중요한 사실은 이 비유에 나온 선한 사마리아인은 강도 만
난 자를 보고인지 불쌍히 여겨감정 가까이 가서 기름과 포도주를 그 상처
에 붓고 싸매며, 자기 짐승에 태워 주막으로 데리고 가서 돌보아 주는의지
적 행동 일련의 과정을 통해 자비심을 실천했다는 점입니다. 강도 만난 자

를 치료함으로써 대인관계를 맺는 일까지 실천했습니다.

제사장과 레위인도 똑같이 강도 만난 자를 보았지만인지 피하여 지나갔습니다.의지적 행동 즉 그들은 상대방의 입장에 대해 공감하는 정서적 능력이 부족하고, 위험을 무릅쓰고라도 돕고자 하는 의지적 행동이 결여된 자기중심적 성격의 소유자였던 것입니다. 그들은 강도 만난 자와 같은 민족이었지만 실상은 정서적 교류가 이루어지지 않는 타인이었습니다. 오히려 유대인과는 상종조차 하지 않는 사마리아인이 강도 만난 유대인의 친구가 되어 주었습니다.

비유에 등장한 제사장과 레위인은 종교인이었지만 종교심을 발휘하지 못했습니다. 경건의 모양은 갖추고 있었지만 경건의 능력을 갖고 있지 못하며 오히려 부인하는 자들이었기 때문입니다. 예수님께서 정답을 말한 율법사에게 "너도 이와 같이 하라"고 말씀하신 것은 실제로 자비를 실천하지 못하는 제사장과 레위인에 대한 질책이었습니다.

오늘날도 말씀을 많이 듣고 많이 알지만 막상 도움이 필요한 자들이 찾아올 때 그들의 아픔과 고통에 충분히 공감하지 못할 뿐더러 구체적으로 자비심을 실천하지 못하는 크리스천이 많습니다. 이같은 괴리 현상은 신앙의 성장이 심리적인 성장과 병행되지 않을 때 자주 나타납니다. 마치 뒤집지 않는 전병과 같아서 겉으로 볼 때에는 신앙이 좋아 보이지만 속으로는 아직 설익고 덜 성장한 인격으로 자비심이 충분히 자리 잡지 못한 것입니다.

야고보 사도는 다음과 같이 권면합니다. "여러분은 말씀을 실천하는 사람이 되고, 그저 듣기만 하여 스스로를 속이는 사람이 되지 마십시오."약 1:22 "하나님 아버지께서 보시기에 깨끗하고 흠이 없는 경건은, 어려움을 겪고 있는 고아들과 과부들을 돌보아 주고, 자기를 지켜 세속에 물들지 않게 하는 것입니다."약 1:27 이 말씀은 하나님이 인정하시는 신앙 생활과 자비심을 하나로 이어줍니다. 즉 약한 자들이 당하는 고통에 대해 공감하는 능력과 그들을 구체적으로 돕는 실천이 함께 이루어질 때 겉과 속이 균형 있게 발달한 크리스천이라고 할 수 있습니다.

드러내야 할 경건의 능력_ 개인주의가 날로 팽배해지는 현대사회 속에서 자비심을 가져야 한다는 말은 어색하게 들리기까지 합니다. 경쟁심과 이기심을 부추기는 우리나라의 교육 환경과 사회 환경 속에서 자라나는 청소년들과 청년들이 고통당하는 이웃과 소외된 자들에게 얼마나 관심을 갖고 함께 마음 아파하는 사람으로 성장할 수 있을지 의문을 갖게 됩니다. 그럼에도 불구하고 이 땅에는 여전히 자비심을 가진 사람들이 많이 있으며 그들 덕분에 사회가 그나마 살 만한 곳으로 유지되고 있습니다.

대형 교회들은 부단히 애쓰고 있는 개척 교회들과 소형 교회들에 자비심을 베풀어야 합니다. 그럴 때 경건의 능력이 나타나는 신앙 공동체가 될 수 있습니다. 넓은 의미에서 이 땅에 존재하는 모든 교회는 머리이신 예수 그리스도에게 유기적으로 연결된 지체입니다. 각 교회는 "한 지체가 고통을 당하면 모든 지체가 같이 고통을 당합니다. 한 지체가 영광을 받으면 모든 지체가 함께 기뻐합니다. 여러분은 그리스도의 몸이요, 한 사람 한 사람은 그 지체입니다"^{고전 12:26-27}라는 성경 말씀을 기억해야 합니다.

대형 교회들이 소형 교회들과 그 교회에서 사역하는 목회자들의 스트레스와 고통에 관심을 갖는 것이 성경적입니다. 실제로 이같은 자비심을 실천하는 중대형 교회들이 적지 않습니다. 농어촌교회 목회자들을 초청하여 격려하거나 무료세미나를 제공하며 선교적 차원에서 물질로 후원하고 있는 교회들이 많습니다.

*선행으로 배금주의를 이기다_* 다시 선한 사마리아인의 비유로 돌아가서 좀 더 살펴보겠습니다. 이 땅에는 자비를 베풀기는커녕 무자비하게 옷을 벗기고 때려 거반 죽은 사람을 버리고 간 강도들이 여전히 존재합니다. 멸망을 앞둔 유다 안에서 일어났던 일을 예레미야는 다음과 같이 고발합니다.

"나의 백성 가운데는 흉악한 사람들이 있어서, 마치 새 잡는 사냥꾼처럼 허리를 굽히고 숨어 엎드리고, 수많은 곳에 덫을 놓아 사람을 잡는다. 조롱에 새를 가득히 잡아넣듯이 그들은 남을 속여서 빼앗은 재물로 자기들의 집을 가득 채워 놓았다. 그렇게 해서 그들은 세도를 부리고 벼락부자가 되었다. 그들은 피둥피둥 살이 찌고 살에서 윤기가 돈다. 악한 짓은 어느 것 하나 못하는 것이 없고 자기들의 잇속만 채운다. 고아의 억울한 사정을 올바르게 재판하지도 않고, 가난한 사람들의 권리를 지켜

주는 공정한 판결도 하지 않는다."렘 5:26-28 이런 모습은 신앙 공동체 안에서도 볼 수 있습니다.

한때 인기를 끌었던 드라마 〈쩐의 전쟁〉에서 빚진 자들의 약점을 이용하여 최대의 이익을 보려는 사채업자들의 모습은 그들이 얼마나 교활하고 무자비한지 잘 보여 주었습니다. 50억이라는 현금을 자신의 사무실 지하 비밀 창고에 보관하면서 그 돈 냄새를 맡으며 기뻐하는 사채업자 마동포는 '악을 행함에서 기뻐하는' 전형적인 모습이었습니다. 이처럼 인간보다 돈을 더 존중하는 배금주의에는 무자비함이 내포되어 있습니다.

상식 수준을 넘어선 고리대금업으로 한 인간과 가정을 파탄으로 끌고 가는 것은 마귀적이라고 말할 수 있습니다. 신체를 담보로 해서 빚을 갚도록 하거나 돈 몇 백만 원 빌린 사람을 수억의 채무자로 전락시키는 것은 무자비한 행동이며 하나님을 두려워하지 않는 죄악입니다. 크리스천들 중에서 고리대금업으로 돈을 버는 사람들이 있다면 회개해야 할 것입니다. 고혈을 짜서 번 돈으로 헌금을 한다면 하나님께서 그것을 기쁘게 받으실까요? 하나님은 피가 가득한 손으로 드린 헌금은 받지 않으시며 그들이 아무리 기도해도 듣지 않겠다고 경고하셨습니다.

하나님은 이에 대해 자신의 뜻을 분명히 계시하셨습니다. "너희는 씻어라. 스스로 정결하게 하여라. 내가 보는 앞에서 너희의 악한 행실을 버려라. 악한 일을 그치고 옳은 일을 하는 것을 배워라. 정의를 찾아라. 억압받는 사람을 도와주어라. 고아의 송사를 변호하여 주고 과부의 송사

인간을 아름답게 하는 힘, 미덕

를 변론하여 주어라."사 1:16-17 여기서 옳은 일하는 것을 배운다는 말씀은 좋은 행동이 학습되고 내면화 되어 성품으로 자리 잡는 것을 뜻합니다.

생명을 살리는 응급구조장치_ 자비심은 꼭 기독교 신앙에서 강조하는 것만은 아닙니다. 불교에서는 자비심을 최대의 덕목 중 하나로 강조합니다. 그래서 석가모니를 '대자대비' 한 존재라고 추앙합니다. 불교에서 자비심은 생명 존중 사상에 연결되어 있어 살생을 금지하기까지 합니다. 이와 같이 자비심은 일반은총적 요소라고 말할 수 있습니다.

자비심은 생명신학과 깊은 관계가 있습니다. 천하보다 귀한 한 생명이 고통 당할 때 그 고통에 동참하고 그를 살려내기 위해 도우려면 자비심이 필요합니다. 예를 들면, 자비심이 건강하게 작동될 때 낙태를 방지할 수 있습니다. 낙태를 합리화 하는 사람들은, 태어나서 죽이면 살인이 되지만 엄마 뱃속에서 죽이면 살인이 되지 않는다고 주장합니다. 자신이 중요하면 태아도 소중하다는 것을 제대로 인식하고 느끼며 실천하는 자비심이 이 시대 사람들에게 필요합니다.

더 나아가 이 자비심은 생명을 가진 동물과 식물에게까지 베풀어져야 합니다. 바울 사도는 "우리는 모든 피조물이 이제까지 함께 신음하며 해산의 고통을 함께 겪고 있다는 것을 압니다"롬 8:22 라고 말씀하면서 구원 역사에는 인간뿐만 아니라 피조세계의 우주적인 구원과 회복이 포함될 것을 시사했습니다. 그러므로 크리스천은 하나님께서 인간에게 돌보며 다스리라고 맡겨주신 피조물들도 함께 탄식하며 고통 받는다는 것을 느낄 수 있어야 합니다. 그래야 다른 피조물들을 향한 하나님의 뜻을 분별하며 실천할 수 있습니다. 예를 들어, 동물을 기른다면 비기독교인들보다 더 자비로운 마음으로 돌보아야 하겠지요.

하나님은 겉으로 표현되는 예배보다 인애와 자비를 원한다고 말씀하셨습니다. 하나님 자신이 자비하심과 긍휼하심이 크고 한이 없으신 분입니다. 그래서 예수 그리스도를 보내시고 십자가에 죽으셔서 자기의 자비하심을 확증하셨습니다. 그 하나님이 우리에게 서로 자비롭게 대하기를 명하십니다. "너 사람아, 무엇이 착한 일인지를 주께서 이미 말씀하셨다. 주께서 너에게 요구하시는 것이 무엇인지도 이미 말씀하셨다. 오로지 공의를 실천하며 인자를 사랑하며 겸손히 네 하나님과 함께 행하는 것이 아니냐!"미 6:8

팔복 강론 중에서 예수님은 "자비한 사람은 복이 있다. 그들이 자비함을 입을 것이다"마 5:7 라고 긍휼과 자비에 대해서 특별히 언급하셨습니다. 뿐만 아니라 예수님은 자비를 베풀 때 일어날 수 있는 외식의 위험성을 경고하셨습니다. "너희는, 남에게 보이려고 의로운 일을 사람들 앞에서 하지 않도록 조심하여라. 그렇지 않으면, 너희는 하늘에 계신 너희 아버지에게서 상을 받지 못한다"라고 말씀하시며 사람들로부터 칭찬과 인정을 받기 위해 자비를 베푸는 것은 이미 사람들로부터 상을 받은 것이라고 지적하셨습니다. 그리고 구제를 은밀하게 하는 사람은 은밀하게 보시는 하나님 아버지께서 갚으실 것이라 약속하시며 자비심을 실천한 사람에게 주어질 하나님의 인정에 대해 말씀하셨습니다.마 6:1-4

인간을아름답게하는힘,미덕

나와 다른 사람은 모두 돌봄이 필요하다

자비(慈悲)라는 한자 단어에는 흥미롭게도 마음 心자가 공통적으로 포함되어 있습니다. 여기서 마음은 지적인 해석, 감정적인 작용, 의지적인 행동, 대인관계적인 상호작용이 모두 포함되는 것이라고 이해할 수 있습니다. 즉 자비심이라고 하는 것은 내면화 된 성격의 일부로 볼 수 있습니다.

에니어그램에서 자비심과 밀접한 관계가 있는 유형은 2번 '헬퍼' Helper 유형입니다. 2번은 심장 중심형으로 심장이 머리보다 앞서고 감정의 기능이 지나칠 정도로 활발한 유형입니다. 헬퍼라는 단어가 의미하듯이 이들은 다른 사람들을 돕는 것을 좋아하며 돕는 관계에서 자신의 정체성을 확인합니다.

자비심의 흑과 백_ 다른 유형에서도 마찬가지이지만 건강한 2번이 있고 건강치 못한 2번이 있습니다. 건강한 2번은 공감을 잘하고 타인에 대한 관심과 진지하고 따뜻한 마음씨를 갖고 있습니다. 격려를 잘하며 타인의 장점을 잘 발견합니다. 봉사정신이 투철하며 베풀기를 잘합니다. 그러면서도 사려 깊고 이타적입니다. 무조건적으로 사랑을 베풀며 보답을 바라지 않습니다.

반면 건강치 못한 2번은 지나치게 친절하며 순수한 의도가 아닌, 관심과 칭찬과 인정을 받기 위해 남을 돕습니다. 이들은 좋은 의도로 도왔다고 스스로 위로합니다. 친밀해지고 싶은 욕구 때문에 상대방의 경계선을 무너뜨리고 넘어 가기도 합니다. 그러면서 사람들이 자신에게 의존적이 되기를 바라며 고마워하도록 만듭니다.

〈캥거루족 아이들과 헬리콥터형 부모〉라는 TV 프로그램이 방영된 적이 있습니다. 캥거루족 아이들이란 성인이 되었는데도 부모의 품을 떠나지 못하는 자녀를 뜻합니다. 반면 헬리콥터형 부모는 이미 성인이 된 자녀들을 떠나보내지 못하고 그들의 주변을 맴돌면서 도와주려는 부모를 가리킵니다. 이것은 건강한 자비심과는 전혀 상관없는 행동입니다. 이런 경우 자녀들은 독립적인 삶을 살기가 어렵습니다.

자신의 건강을 해치고 가정까지 위협받을 정도로 성도들에게 자비심을 베푸는 목회자들이 있습니다. 이들은 동반의존성을 가진 목회자들입니다. 저의 박사논문 심사위원 중에 한 분이었던 월터 잭슨은 그의 책에서 동반의존성의 특징들을 다음과 같이 표현하였습니다.

"첫째, 다른 사람들의 필요를 채워주는 데 많은 시간과 에너지를 소모하는 행동이다. 둘째, 헬퍼는 전혀 가치가 없으며 헬퍼가 가치를 얻을 수 있는 유일한 방법은 다른 사람들의 필요를 채워주는 데 있다는 신념에 기초한 행동이다. 셋째, 동반의존자들은 자신의 진정한 느낌을 자각할 수 있는 능력을 갖고 있지 않다. 넷째, 마치 다른 사람들과 그들의 행동과 감정을 통제할 수 있는 능력이 있는 것처럼 계속 행동한다. 다섯째, 동반의존자는 '사람들을 기쁘게 하는 자' 이다. 여섯째, 동반의존자는 부인이나 망상을 사용하여 어렵거나 불행한 상황을 회피하는 성격 유형을 갖고 있다. 일곱째, 동반의존자는 양파 같은 성격을 갖고 있어서 핵심적인 가치를 갖고 있지 않거나 한두 가지의 매우 경직된 핵심가치를 가지고 적용 여부에 관계없이 모든 상황에 적용하려고 한다. 여덟째, 동반의존자는 어떻게 선택할지를 모르는 것처럼 보이는 사람이다. 마지막으로 동반의존자는 완벽주의 성향을 보인다. 이상의 특징들을 전반적으로 갖고 있는 사람들을 동반의존자라고 부른다."[13]

종종 이러한 동반의존자를 필요로 하고 때로는 이용하며 더불어 살아가는 사람도 동반의존자라고 부릅니다. 동반의존자들은 역기능 가정의 성인아이로 자랐을 가능성이 매우 높습니다. 이들은 자비심과 긍휼심을 표현할 때 적절한 한계를 긋지 못하며 상대방이 감당해야 할 몫까지 대신 지려고 합니다.

"나는 도와야 한다"

건강하지 않은 2번은 자비를 베풀었을 때 상대방이 고마워하지 않는 것에 대해 앙심을 품고 불평하기 시작합니다. 다른 사람을 돕는 자기 자신의 동기를 제대로 살피지 못한 결과입니다. 이런 경우 오히려 매우 공격적이 되며 자기중심적이 될 수 있습니다. 심지어 상대방을 조종하고 죄책감을 느끼게끔 합니다. 분노를 직접적으로 표출하지 못하면 내면에 쌓여 다양한 신체증상을 호소하는 질환으로 나타날 수 있습니다.

자녀들의 경계선을 무시하고 자녀들을 자신의 뜻대로 양육하며 조종하는 부모들에게서 이런 병적인 모습을 찾아볼 수 있습니다. 이것은 자비심이 아니라 무자비한 행동입니다. 이들은 자녀가 원하는 것이 무엇인지, 자녀의 진정한 필요가 무엇인지 알려고 하지 않습니다. 그들의 삶에 공감하지 못합니다. 그리고 자신이 돕고자 하는 진정한 동기가 무엇인지를 깨닫지 못하기 때문에 오히려 잘못을 자녀들에게 덮어씌웁니다. 더 나아가 스스로 자신이 자녀들을 위해서 또는 상대방 배우자를 위해서 희생할 정도로 베풀었다고 착각합니다. 그러나 그것은 '힘을 실어주는' 자비로운 행동이 아니라 '힘을 빼앗는' 무자비한 행동일 수 있음을 깨달아야 합니다.

자비심을 지속적으로 베풀면서도 자신의 감정적 탱크가 메마르지 않으려면 4번 '예술가' 유형의 장점을 인식하며 보완할 필요가 있습니다. 즉 외부로 향하던 시선을 일부 거두어들여 자신을 바라보며 자신의 내면을 살피는 작업이 필요합니다. 자신의 진정한 감정과 접촉하는 시간을 갖는 것입니다. 필요를 가진 타인들만 보지 않고, 자신도 도움이 필요한 존재이며 자신의 내면에도 고통과 갈등이 있음을 인식하고 자신을 적절하게 돌보는 지혜가 필요합니다.

자식을 위해 자신의 삶을 희생해 온 부모 가운데 빈둥지증후군을 경험하며 공허감을 느끼는 분들이 있습니다. 자식과 자신을 지나치게 동일시하여 자신을 돌보거나 성장시키지 못한 결과입니다.

2번에게 4번의 미덕인 자긍심이 보완된다면 다른 사람을 도울 때 상대방의 마음까지 헤아리며 배려할 수 있기 때문에 훨씬 효과적으로 도울 수 있습니다.

2번의 날개는 1번과 3번으로 1번의 날개를 활용하여 다른 사람을 도움으로써 이 세상을 좀 더 살 만한 곳으로 만들 수 있습니다. 자녀들이나 학생들, 혹은 다른 사람들에게 옳은 것에 대해 가르치고 몸소 실천하여 좋은 본보기가 된다면 이 사회는 지금보다 훨씬 더 좋은 모습으로 변할 것입니다.

또한 3번의 날개를 가진 사람 중에는 다른 사람을 돕되 무의식 속에 대가를 바라는 마음을 가질 수 있습니다. 내가 돕는 사람이 나중에 신분이 높아지면 나도 함께 출세할 것이라는 기대를 갖고 그 사람을 이용할 수도 있다는 말입니다. 대개 자신은 순수한 동기로 한다고 생각하지만 무의식 속에 잠재되어 있는 감정이므로 자신의 내면을 잘 돌아보고 점검하는 자세가 필요합니다.

나는 나의 돌봄이 필요하다_ 2번이 사용하는 핵심 방어기제는 '동일시'와 '부인'입니다. 이들은 고통당하는 사람이나 도움이 필요한 사람과 자신을 지나치게 동일시한 나머지 자신의 필요를 인식하지 못하고 부인할 수 있습니다. 자신이 도움이 필요한 사람이라는 사실을 깨닫지 못한 채 도움이 필요한 타인에게 지나치게 관심을 가짐으로써 자신의 고통이나 아픔에 대해 회피하거나 방어하는 것일 수도 있습니다.

헬퍼 유형은 보통 성장 과정에서 누군가를 도왔을 때 긍정적인 피드백을 받았을 가능성이 높습니다. 그래서 인정과 칭찬을 받기 위해 다른 사람을 돕고자 했을 것입니다. 반면 제대로 도움과 양육을 받지 못하고 자랐을 가능성이 높습니다. 그러면서 갖게 된 아픈 마음 때문에 다른 사람의 아픔에도 공감할 수 있는 능력을 갖게 되었을 것입니다. 이것은 큰 장점이기는 하지만 자신의 아픔과 문제를 제대로 해결하지 못한 채 남을 도우려고 하면 그 사람에게로 향하던 감정이 나에게로 옮겨올 수 있습니다. 이것을 심리학 용어로 역전이 countertransference 라고 합니다. 표면적으로는 도움이 필요한 타인에게 자비를 베푸는 것처럼 보이지만 실제로는 도움이 필요했을 때 제대로 돌봄을 받지 못했던 자신의 내면아이 inner child 를 무의식적으로 돌보는 행동일 수 있다는 의미입니다.

2번의 취약점은 자비, 자선, 돌봄을 통하여 인정받기 위해 일부러 배우처럼 연기하는 연극적 요소와 허영심입니다. 바리새인들과 서기관들이 빠졌던 함정입니다. 사람들에게 보이려고 또는 사람들로부터 칭찬과 인정을 받으려고 자비를 베푼다면 그것은 기독교적인 사랑에 근거한 것이 아닙니다. 물론 전혀 자비를 베풀지 않는 것보다는 낫겠지만 우선 자신의 마음부터 치유를 받는 것이 중요합니다. 자신의 낮은 자존감을 인식하고 그것이 회복되어야 '은밀한 중에 보시는' 하나님 앞에서 자비를 베풀 수 있습니다.

기독교의 자비와 긍휼은 하나님의 무조건적인 자비하심과 긍휼하심을 이미 받고 누린 자가 "거저 받았으니 거저 주라"는 말씀에 순종하여 베푸는 것입니다. 그리고 사회생활을 할 때 나보다 약한 사람들을 배려

인간을 아름답게 하는 힘, 미덕

하는 것에 자비심을 발휘하는 것이 가장 좋습니다. 후배나 직장생활에
잘 적응하지 못하는 사람들을 도와주는 것, 그리고 그들이 어느 정도 건
강해져서 독립할 수 있는 시점이 되면 그 사람을 통제하거나 자기 사람
으로 만드는 것이 아니라 독립할 수 있도록 도와주는 것이 바람직한 자
비심의 모습입니다.

건강한 헬퍼의 모범, 사도 요한

예수님 사랑받는 제자인 요한은 여성적인 감성을 풍부하게 갖고 있는 남성이었습니다. 그는 다른 '남성적인' 제자들이 다 예수를 버리고 도망갔을 때에도 여성들과 함께 십자가까지 따라갔던 유일한 제자였습니다.

요한일서에서 대표적으로 나타나는 주제는 사랑입니다. 그러나 요한은 그의 형제 야고보와 함께 예수님의 좌우를 차지하고자 하는 욕구가 있었습니다. 건강치 못한 헬퍼형 리더가 될 때에는 메시아 콤플렉스와 순교자 망상 그리고 관계중독에 빠질 수 있습니다.

—이관직 『성경인물과 심리분석』 중에서

🐾 건강한 자비심 만들기 프로젝트

당신보다 못한 사람을 찾아가라_ 모든 인간은 아름다운 존재입니다. 사랑받을 만하며 사랑받아야 할 존재입니다. 하나님은 사람을 겉모양으로 판단하지 않고 중심을 보십니다. 우리는 하나님의 눈으로 사람을 볼 때 자비심을 베풀 수 있습니다. 나중에 무언가 보상을 해줄 수 있는 대상이 아니라 정말 힘없고 아무것도 갚을 수 없는 사람에게 대가 없이 베푸는 것이 진정한 자비심입니다. 회사에 적응하지 못하는 후배나 왕따 당하는 동료가 있다면 찾아가 따뜻한 커피 한 잔이라도 나누어 보십시오.

베풀 때 균형감각을 유지하라_ '기회가 주어지는 대로' 선을 행하는 것은 중요합니다. 하지만 자신의 능력을 넘어서서 베풀려고 하거나 자기 가족은 돌보지 않으면서 노숙자들을 돌본다고 돈을 다 써버린다면 균형 잡힌 자비심이 아닙니다. 하나님이 우리에게 요구하시는 자비와 구제는 그런 것이 아닙니다. 가장 가까이 있는 가족을 돌보지 않으면서 관계가 먼 이웃을 돌본다는 것은 가족에게 깊은 상처를 입히는 일종의 폭력입니다. 노숙자를 볼 때마다 입고 있던 옷을 다 벗어줄 수는 없을 것입니다. 도와야 할 경우와 돕지 않아야 할 경우를 분별하는 지혜가 필요합니다.

자신을 아울러 돌보라_ "네 이웃을 네 자신을 사랑하는 것처럼 사랑하라"고 하는 말씀 속에 "자신을 사랑하라"는 전제가 있음을 간과해서는 안 됩니다. 왜냐하면 자신을 사랑하며 돌볼 수 있는 사람이 다른 사람도 제대로 돌볼 수 있기 때문입니다.

자신을 돌보기 위해서 이웃을 돕는 것은 이웃을 돕기 위해 자신을 돌보는 것과 차이가 있습니다. 자비를 베풀되 자신에게도 자비를 베풀 수 있는 여유를 갖는 것이 필요합니다. 자신을 돌봄에 있어서 적절한 수면, 휴식, 영양섭취, 영적 재충전은 건강한 헬퍼로서 자리매김하는 데 꼭 필요합니다.

탈진하지 않도록 주의하라_ 탈진 전문가 크리스티나 매슬랙Christina Maslach은 탈진이 '감정적 소진', '비인격화' 그리고 '성취감의 감소'란 증상으로 나타난다고 규명하였습니다. 출력output에 비해 입력input이 적을 때 탈진이 일어납니다. 자비심은 균형을 이루며 절제하여 표현하는 것이 필요합니다. 자비와 절제는 서로 보완하는 역할을 하는 성령의 열매입니다.

자비를 베푼다고 해서 당장 열매가 맺히는 것도 아니고 상대방이 항상 고마워하지도 않습니다. 사람들의 반응에 초점을 맞추면 실망하고 좌절합니다. 그러나 하나님의 인정은 영원한 것임을 기억할 때 새 힘을 얻을 수 있습니다.

타인의 도움도 받아들이라_ 남들에게 도움을 주기는 하되 막상 자신은 도움이 필요할 때 도움 받기를 원하지 않는 사람들이 있습니다. 살다 보면 자비를 베풀 때도 있지만 자비를 감사함으로 받아야 할 때도 있음을 겸손히 인정하는 것이 건강한 모습입니다. 우리는 한계를 가진 존재입니다. 그래서 서로 도움을 주고받아야 합니다. 예수님도 십자가 고난을 앞두고 제자들에게 도움을 요청하셨습니다. 참 인간으로서의 자신의 연약함을 인정하는 모습을 본으로 보여 주신 것입니다.

자비심을 가진 당신을 위한 격려

요즘같이 각박한 시대에 자비심을 가진 사람은 산소와 같습니다. 예루살렘도 원래는 자비로운 공동체였습니다. 과부와 고아를 긍휼히 여기며 도와주고 외국인들도 함께 살 만한 곳이었습니다. 이런 환경에서는 사람들의 마음을 치유할 수 있으며 좋은 성품이 성장하고 발달하게 됩니다. 자비심이 있는 환경과 대상을 경험하면 인간은 여유를 갖게 되기 때문에 다른 사람들에게 자비와 사랑을 베풀 수 있게 됩니다.

직장에서 건강한 자비심을 발휘하고 싶다면 다음과 같은 방법을 추천합니다. 첫째, 사람과 일에 대한 관심을 똑같은 무게로 보십시오. 당신의 관심은 '저 사람에게 무엇이 필요하지?'에 집중되어 있는 경우가 많아서 그 관심을 업무 쪽으로 분산할 필요가 있습니다.

둘째, 때로는 나쁜 소식이나 부정적인 충고도 해야 할 필요가 있습니다. 친절하고 착한 것도 좋지만 업무나 성과에 대한 정직한 피드백이나 평가를 할 때는 용기를 내어 냉철해져야 합니다.

셋째, 과로는 금물입니다. 다른 사람을 돕느라 지나치게 많은 일을 하고 있지는 않나요? 가장 우선적으로 자신에게 휴식과 도움이 필요한 때를 잘 판단하세요.

3

카이로스의 때를 기다리는 인내심

중요한 것은 경주를 끝까지 포기하지 않고 완주하는 것입니다.

인내심을 가진 사람들의 특징

□ 지나치게 경쟁적이다.

□ 목표달성을 위해서는 조직적이고 효율적인 대처가 중요하다.

□ 스스로 결단내리는 것을 좋아하지만 임기응변으로 의견을 바꾸는 경우도 있다.

□ 지나치게 일을 많이 벌인다.

□ 나의 이미지가 내 자신이라고 생각한다.

□ 개인적인 관계를 위한 시간을 내기 어려워 한다.

□ 성공 지향적이다.

□ 목표를 달성하기 위해 때로는 상대방에 맞춰 타협한다.

□ 에너지가 많다.

□ 자신감이 있으며 긍정적이다.

□ 깊은 감정을 숨긴다.

□ 내가 하고 있는 일에 대해 다른 사람이 부정적으로 말하면 정말 싫다.

✱ 이들의 주요 관심사

어떻게 하면 다른 사람들로부터 존경과 칭찬을 받을 수 있을까?

그러므로 형제자매 여러분, 주께서 오실 때까지 참고 견디십시오.

보십시오, 농부는 이른 비와 늦은 비가 땅에 내리기까지 오래 참으면서,

땅의 귀한 소출을 기다립니다.

여러분도 오래 참고 마음을 굳게 하십시오.

주께서 오실 때가 가깝습니다.

형제자매 여러분, 심판을 받지 않으려거든 서로 원망하지 마십시오.

보십시오, 심판하실 분이 문 앞에 서 계십니다.

형제자매 여러분, 여러분은 주의 이름으로 말한 예언자들을

고난과 인내의 본보기로 삼으십시오.

보십시오, 참고 견딘 사람은 복되다고 우리는 생각합니다.

여러분은 욥이 어떻게 참고 견디었는지를 들었고,

또 주께서 나중에 그에게 어떻게 하셨는지를 알고 있습니다.

주께서는 자비가 넘치시고, 긍휼이 많으십니다.

야고보서 5장 7-11절, 표준새번역

인내심

인내는

'참을 인忍'과 '견딜 내耐' 자가 합성된 한자입니다. 참을 忍이란 한자어는 칼 '도' 자와 마음 '심' 자가 만나 만들어진 단어로, 왠지 마음에 칼을 품고 혀를 꽉 깨물고 견뎌내는 이미지가 연상됩니다.

인내에 해당하는 영어 단어는 patience인데 형용사는 patient입니다. 형용사인 patient가 명사로 사용될 때에는 '환자'라는 뜻을 갖습니다. 환자가 회복될 때까지 인내해야 한다는 의미에서 붙여진 것으로 보여집니다. 아파서 병원에 입원한 경험이 있는 분들은 아실 것입니다. 병원 침대에 누워 있으면 건강할 때보다 시간이 천천히 흐르는 것처럼 느껴집니다. 고통 중에 신음할 때면 하룻밤이 얼마나 긴지 모릅니다. 우울증 때문에 불면의 밤을 보내는 사람들에게 밤은 견디기 어려울 만큼 길게 느껴집니다.

'견딜 내' 자에서는 '내구성'이라는 단어를 떠올릴 수 있습니다. 내구성이란 어떤 재료가 외부의 힘에 버틸 수 있는 특성을 말합니다. 내구성이 약한 재질은 쉽게 부러지거나 휘어지는 반면, 내구성이 강한 재질은 웬만한 외부의 압력이나 스트레스에도 거뜬합니다. 내구성이란 단어에서 '맷집'이란 단어를 연상할 수 있습니다. 맷집이 좋은 사람은 한두 번의 타격에 넘어지지 않습니다. 칠전팔기라는 말도 있듯이 이런 사람은 넘어져도 오뚝이처럼 다시 일어섭니다.

몸이나 마음의 상처가 생겼을 때 회복되려면 어느 정도 시간이 걸립니다. 상처가 아물면서 마지막 상처 딱지가 떨어지기 전에는 무척 가렵습니다. 이때 가려운 것을 참지 못하고 딱지를 떼면 피가 나거나 덧나기 때문에 완전히 나을 때까지는 무조건 참고 기다려야 합니다. 상처가 회복되는 과정에서도 이처럼 인내가 중요합니다.

현대화 될수록 사람들은 조급해 하며 참지 못하는 경향이 있습니다. 특히 요즘 우리나라 사람들은 '빨리 빨리' 증후군이라고 부를 만큼 기다리는 것과는 거리가 먼 삶을 살고 있습니다. 신앙생활을 할 때도 기다림과 참음이라는 미덕을 발휘하기보다 응답이 빨리 오지 않으면 조바심을 내고 분노하며 좌절하는 경우가 많습니다.

보이지 않는 때를 기다리는 믿음_ 인내는 '때'와 관련이 있습니다. 아무리 급하다고 해도 채 익지 않은 벼를 추수하는 농부는 없습니다. 부

인간을 아름답게 하는 힘, 미덕

모가 아무리 빨리 키우고 싶어도 아이들은 긴 세월 동안 부모의 돌봄을 받아야만 비교적 성숙한 인간이 될 수 있습니다.

그러므로 힘든 시간이 다가오면 그것이 끝나는 때가 있다는 것, 터널의 끝이 언젠가는 있을 것이라는 희망을 갖고 참고 견뎌내는 태도가 중요합니다.

최근 명문대 출신의 20대 중반 여성이 약사 시험에 떨어진 것을 비관해서 자살 사이트에서 만난 다른 여성과 동반자살 하려다 혼자만 죽은 사건이 있었습니다. 그 여성의 경우, 참고 견디는 힘이 약한 데다가 우울증까지 겹쳐서 죽음이라는 극단적인 선택을 했던 것 같습니다. 이런 사건을 통해서 인내심은 생명과도 연결된다는 사실을 알 수 있습니다. 인내하지 못하면 한 사람의 삶이 파괴적으로 끝날 수 있고 가정 파탄이 일어날 수 있습니다. 더 나아가 교회공동체와 사회가 파멸로 치달을 수 있습니다.

오늘날 많은 가정들이 이혼으로 깨어지고 있습니다. 이혼의 중요한 이유 중 하나는 쌍방간에 인내심이 부족하기 때문입니다. 부정적인 감정에 흔들려 성급하게 이혼을 결정하는 경우가 적지 않습니다. 특히 젊은 부부들은 자기중심적인 성향이 강합니다. 그래서 상대방을 위해서 참아주고 견디는 것을 힘들어 합니다. 갈등과 위기를 견뎌낼 수 있을 만큼 심리적으로 성숙하지 않았기 때문입니다. 이는 정서적인 맷집이 약하다는 증거이며 더 나아가 영적인 면에서 하나님의 뜻을 살피며 큰 그림을 볼 수 있는 영적인 안목이 열리지 않았기 때문입니다.

　한편 이혼 상담을 하다 보면 언제까지 참아야 할지 앞이 보이지 않는 경우가 종종 있습니다. 배우자가 돌아오기를 기다리면서 눈물로 기도하고 최선을 다해 보지만 전혀 변화의 조짐이 보이지 않는 경우입니다. 이럴 땐 하나님에 대한 깊은 신앙을 가진 사람조차 혼란스러움을 느끼며 갈등하게 됩니다.

　인간의 삶에서 참는다는 것은 어떤 의미가 있을까요? 왜 참아야 할까요? 언제까지 참고 기다려야 할까요? 무엇을 위해서 참고 견뎌야만 합니까? 어떤 방법으로 참는 것이 바람직한 것일까요? 참는 것이 능사일까요? 참지 못한다면 어떤 결과가 나타날까요? 어떤 경우에는 참아야 하고 어떤 경우에는 견디는 것을 포기해야 할까요? 흔히 '인내한다'고 할 때 우리 머릿속에는 수많은 질문들이 떠오를 것입니다. 이 질문들에 다 대답하려면 새로운 책을 하나 써야 하겠지만 여기서는 인내심에 대하여 개략적으로 살펴보려고 합니다.

누구나 '오래참음'의 터널을 지난다

　야고보서 5장은 믿는 자들에게 '주의 강림하실 때까지' 길이 참으라고 권면합니다. 1절부터 6절까지에는 부자들과 재물을 불의하게 쌓은 자들에게 임할 심판날에 대한 경고의 말씀이 등장합니다. 반면 삯을 받지 못한 품꾼이 울부짖는 소리를 하나님이 들으신다고 말씀합니다. 현실

인간을 아름답게 하는 힘, 미덕

적으로 불의한 부자는 여전히 부유하며, 억울하게 품삯을 받지 못한 품 꾼들의 울음소리는 여전합니다.

최근에 불법체류자라는 신분을 악이용하여 외국인 노동자의 밀린 품삯을 떼어먹거나 전세비를 되돌려주지 않고 오히려 출입국관리소에 고발하여 억울하게 출국조치 당하게 하는 경우가 있었습니다. 이 기사를 보면서 약자와 소수민에 대한 배려가 없는 무정한 인간과 법집행 권력의 횡포에 가슴이 아팠습니다. 언제까지 이같은 불의를 참아내며 울어야 할 것인가라는 질문에 대해 야고보서 기자는 '주의 강림하실 때까지' 인내 하라고 권면합니다. 우선 듣기에는 죽기까지 인내하고 참으라는 말씀처 럼 들려서 너무 무리한 권면이라는 생각이 듭니다.

그러나 종말론적인 관점 속에서 현재의 사건을 바라보고 해석하면 인내할 수 있는 힘이 생깁니다. 왜냐하면 불의한 부자들은 그들에게 '닥 쳐올 비참한 일들을 생각하고, 울며 부르짖는'약 5:1 날이 곧 다가올 것이 기 때문입니다.

인간은 내일 일을 알지 못하는, 잠간 보이다가 없어지는 안개 같은 존재입니다. 이 사실을 깨닫고 이 진리를 놓치지 않는다면 불의한 환경 에 대해서도 참고 견뎌낼 수 있습니다. 여기서 인내한다는 것은 단지 수 동적으로 당하기만 하는 것을 뜻하지 않습니다. 인내하되 기도하면서 하 나님이 주시는 지혜를 사용하여 불의한 환경을 바꾸기 위해 노력하는 것 까지 포함합니다.

지치고 포기하고 싶을 때마다_ 인내하는 자에게는 "울며 씨를 뿌리러 나가는 사람은 정녕, 기쁨으로 단을 가지고 돌아온다"시 126:6고 약속하신 신실한 하나님을 바라보는 믿음이 반드시 필요합니다. 그런 믿음을 소유한 사람만이 종말의 때에 궁극적으로 승리할 것임을 확신하며 끝까지 견뎌낼 수 있습니다.

야고보서 기자는 이 종말론적인 관점을 설명하기 위해 '농부와 추수'라는 은유를 사용합니다. 농부는 씨를 뿌리는 봄철과 뜨거운 태양빛을 받아 식물이 성장하는 여름철과 귀한 열매를 결실하는 가을철과 생명의 마지막을 상징하는 겨울철을 조망하는 눈을 가지고 농사를 짓습니다. 야고보서는 농부가 '귀한 소출을 바라고' '오래 참아' '이른 비와 늦은 비가 땅에 내리기까지 기다린다'고 말씀합니다.

여기서 농사의 은유는 매우 적절합니다. 농사는 농부의 땀 흘리는 수고와 노력을 필요로 합니다. 더 나아가 위로부터 내리는 은총인 이른 비와 늦은 비가 적절하게 내려야 결실을 맺을 수 있는 작업입니다. 아무리 수고하고 노력한다 할지라도 하룻밤 사이에 우박이 내려 추수를 코앞에 두고 아무것도 거둘 수 없게 될 수도 있습니다. 시편 기자가 고백한 것처럼 하나님이 지켜주시지 않으면 성을 지키는 파수꾼의 노력이 헛수고에 지나지 않습니다.시 127:1

중세 수도사들은 "기도하라 그리고 일하라"는 생활지침을 따랐습니다. 이것은 인내하는 자에게 더없이 적절한 말입니다. 어떤 목표를 달성하기 위해서는 하나님의 도우심과 인도하심을 계속적으로 기다리며 바라는 믿음이 필요합니다. 아울러 결실의 순간이 올 때까지 참고 견뎌 내며 애써야 합니다.

바울은 갈라디아서에서 이 사실을 다른 관점으로 조명합니다. "선한 일을 하다가 낙심하지 맙시다. 지쳐서 넘어지지 않으면, 때가 이를 때에 거두게 될 것입니다"갈 6:9라고 확신 있게 말합니다. 여기서 선을 행한다는 것은 성령을 위하여 심는 것을 의미하며 이것은 결국 성령을 기쁘시게 하는 것입니다. 낙심하지 말라는 것은 참고 견디는 것을 포기하지 말라는 뜻입니다. 이 구절을 보면 성령을 기쁘시게 하는 삶을 살 때에도 낙심하고 좌절할 가능성이 있다는 것을 알 수 있습니다. 우리가 믿음 안에서 하나님 중심으로 살 때에도 피곤하여 지칠 수 있으며 포기하고 싶은 유혹을 느낄 때도 있다는 말입니다.

바울은 자신이 겪었던 어려움을 여러 곳에서 말하는데 "우리는 무슨 일에서나 하나님의 일꾼답게 처신합니다. 우리는 끝까지 참았습니다. 환난과 궁핍과 곤경과 매 맞음과 옥에 갇힘과 난동과 수고와 잠을 자지 못함과 굶주림을 겪었습니다"고후 6:4-5라고 합니다. 하지만 그는 고난 받는 자리에만 머물러 있지 않았습니다.

"우리는 우리의 힘에 겹게 너무 짓눌려서, 살 희망마저 잃을 지경에 이르렀습니다. 우리는 이미 사형 선고를 받은 몸이라고 느꼈습니다. 그것은 우리로 하여금 우리 스스로를 신뢰하지 말고, 죽은 사람을 살리시는 하나님을 신뢰하게 하려 하신 것입니다"고후 1:8-9라고 그가 겪은 고난의 의미를 해석했습니다. 이것이 바로 바울의 탁월함입니다. 인간적으로는 견딜 수 없는 상황 속에 있다 하더라도 하나님을 의지하고 바라보면 '때가 이르매 거두리라' 는 신실한 약속이 이루어지는 것을 볼 수 있을 것입니다.

여기서 한 가지 중요한 사실은 목표가 선해야 한다는 점입니다. '자신을 기쁘게 하는 것' 을 목표로 삼고 씨를 뿌리면 결국 썩어질 것과 멸망을 수확하게 될 것이라고 성경은 경고합니다.갈 6:8 참조 요즘 사람들은 자신의 목표 달성을 위해 놀랄 만큼 집중력과 인내심을 발휘합니다. 명문 대학에 입학하기 위해 밤잠을 줄여 가며 노력하는 입시생들도 많고, 분초를 아끼며 준비해서 해외의 명문 대학에 장학금을 받고 입학하는 학생들도 있습니다. 또 취업을 위해 입시때만큼 열심히 공부하기도 하며, 성공을 위해 자기계발에 엄청난 돈과 시간, 노력을 투자하기도 합니다. 이들의 인내심은 참으로 칭찬할 만합니다.

하지만 이러한 인내심은 이 세상에서만 유효합니다. 우리가 세상에 살아 있는 동안만 유효하며 유효기간이 끝나면 폐기처분되는 인내심이라는 사실을 알고 있는지요? 이런 인내심으로는 성령을 기쁘시게 할 수 없으며 하나님의 보좌로 인도함을 받을 수가 없습니다. 성령을 기쁘시게 하는 목적과 연관이 없는 참음과 견딤은 결국 호흡이 끊어지면 파멸로 이어질 뿐입니다.

마음이 풍전등화 같을 때_ 성경은 길이 참아 기다리는 농부처럼 너희도 참고 마음을 굳게 하라고 권면합니다. 참고 견뎌낼 때 마음이 흔들

인간을 아름답게 하는 힘, 미덕

릴 수 있음을 염두에 둔 말씀입니다.

다윗은 "내 영혼이 잠잠히 하나님만을 기다림은 나의 구원이 그에게서만 나오기 때문이다. 하나님만이 나의 반석, 나의 구원, 나의 요새이시니 나는 전혀 흔들리지 않는다"시 62:1-2라고 노래합니다. 이 노래에서 우리는 다윗이 위기 앞에서 풍전등화風前燈火와 같이 마음이 흔들리고 불안해 했음을 알 수 있습니다. 다른 시편에서도 그는 "나의 하나님, 온종일 불러도 대답하지 않으시고, 밤새도록 부르짖어도 모르는 체하십니다"시 22:2라고 고백합니다. 그리고 자신의 상태를 "나는 쏟아진 물처럼 퍼져 버렸고 뼈마디가 모두 어그러졌습니다. 나의 마음이 촛물처럼, 창자 속에서 녹아 내렸습니다"시 22:14라고 표현하며 절박함을 호소했습니다. 그러나 그는 결코 뿌리까지 흔들리지는 않았으며 넘어지지도 않았습니다.

참으로 의인은 일곱 번 넘어질지라도 다시 일어납니다.잠 24:16 때로는 넘어질 수 있지만 하나님께서 다시 일으켜 세우십니다. 그리고 인내하는 자에게 성령을 통하여 끝까지 견뎌낼 수 있도록 새 힘을 주십니다.

야고보서는 "주의 이름으로 말한 예언자들을 고난과 인내의 본보기로 삼으십시오"라고 권면합니다.약 5:10 특히 그들이 고난에 직면했을 때 취했던 삶을 본보기로 삼으라고 말씀합니다. 히브리서 11장에는 인내로써 믿음의 경주를 마친 신앙 인물들이 구체적으로 언급되어 있습니다. 그 중 모세에 대해서는 "믿음으로 애굽을 떠나 임금의 노함을 무서워 아니하고 곧 보이지 아니하는 자를 보는 것 같이 하여 참았으며"라고 표현합니다.

여기에서 '참았다'는 영어로 'persevere'인데 신학적으로 '성도의 견인'이라는 표현에서 견인perseverance을 의미하는 단어입니다. 이는 성도의 입장에서는 끝까지 믿음을 지키며 참고 견디는 것을 말하고, 하나님의 입장에서는 끝까지 각 성도를 포기하지 않으시고 길이 참고 견디며 궁극적으로 구원을 성취하시는 것을 의미합니다. 바울은 이 하나님의 견인을 로마서에서 선명하게 표현하였습니다. "나는 확신합니다. 죽음도, 삶도, 천사들도, 권세자들도, 현재 일도, 장래 일도, 능력도, 높음도, 깊음도, 그 밖에 어떤 피조물도, 우리를 우리 주 예수 그리스도 안에 있는 하나님의 사랑에서 끊을 수 없습니다." 롬 8:38-39

인내의 해피엔딩_ 히브리서 기자는 12장에서 '인내로써'with perseverance 우리 앞에 당한 경주를 하자고 격려합니다. 이미 앞서간 선지자들을 포함하여 구름같이 둘러싼 허다한 증인들이 인내로써 승리했던 것을 모델로 삼아 끝까지 견디라고 권면합니다. 더 나아가 예수님에게 시선을 고정하라고 말씀합니다. 예수님께서 십자가의 고난과 수욕, 고통을 참으시고 견뎌내셨음을 묵상할 때 우리는 인간의 힘으로는 참을 수 없는 상황을 견뎌낼 수 있습니다. 따라서 크리스천의 인내심은 자연인의 인내심과는 차원이 다릅니다.

만약 예수님이 십자가의 고난을 받으면서 인내심이 부족했더라면 어떤 결과가 왔을까요? 사람들의 비난과 조롱을 견디지 못하고 욕하거나 저주를 퍼부었다면 구원역사는 이루어지지 못했을 것입니다. 그는 의

인이 아니라 십자가에서 죄인으로 죽으셨을 것입니다. 만약 예수님이 십자가에 못 박힌 상태에서 느끼는 고통이 예상했던 것보다 너무 커서 견뎌내지 못한 채 못을 빼 달라고 하며 살려 달라고 했더라면 군병들의 조롱만 받은 채 하나님의 구원계획은 실패로 끝났을 것입니다. 참으로 끝까지 견뎌내는 인내는 죽음을 통과하며 다른 사람의 생명을 구원하는 데 필수적인 요소입니다.

야고보서는 구약에서 인내의 대명사로 불리는 욥을 예로 듭니다. 우리는 이미 욥 이야기의 시작과 끝을 잘 알고 있습니다. 그러나 욥은 한 치 앞도 보이지 않는 캄캄함과 답답함과 고통이 있는 고난의 과정을 거쳐야 했습니다. 우리도 고난의 폭풍우를 통과할 때에는 언제 다시 햇빛을 볼 수 있을지 전혀 알 수 없기 때문에 앞이 캄캄한 것처럼 느낍니다. 그러나 그 사망의 어두운 골짜기 속에서도 욥처럼 우리의 이야기 역시 주님이 주시는 해피엔딩으로 마무리될 것을 믿음으로 바라보아야 합니다. 욥의 이야기와 우리 삶의 이야기는 정도와 내용의 차이는 있겠지만 닮아 있으며 또한 닮아야만 합니다.

사랑의 또 다른 얼굴, 인내_ 우리가 참고 인내하면서 바라보아야 할 하나님은 자비와 긍휼이 풍성하신 분입니다. NIV성경은 이를 'compassion'이라고 번역했는데 하나님은 우리가 느끼는 감정을 '함께'(com: with의 뜻) 느끼며 공감하시는 분입니다. 그분은 인간의 몸으로 성육신해서 인간이 겪는 고통과 아픔과 갈등을 몸소 겪으신 분이기에 누구보다 우리의 연약함을 잘 알고 100퍼센트 공감하실 수 있습니다.

바울 사도는 이 사실을 상담사 중의 상담사이신 성령 하나님의 공감능력이라고 표현합니다. 보혜사 성령 하나님은 질그릇같이 연약한 우리 안에 친히 내주하시며 우리가 고난 속에서 참고 기다릴 수 있도록 도와주십니다. 뿐만 아니라 우리가 무엇을 어떻게 구해야 할지 모르고 길을 잃었을 때에도 말할 수 없는 탄식으로 우리를 위하여 친히 간구하시는 분입니다.

성령의 아홉 가지 열매 중에서 네 번째 열매가 '오래 참음', 즉 인내라는 열매입니다. 성령 하나님은 참고 견디는 능력이 매우 크신 분입니다. 그분이 이 세상의 많은 죄악과 죄인들의 모습에 대해서 여전히 참고 기다리며 회개할 기회를 주시는 것만 봐도 알 수 있습니다. 고린도전서 13장에 표현된 사랑의 특성 가운데 맨 처음과 마지막을 장식한 것이 바로 '오래 참음'입니다. 이것은 하나님의 속성인 사랑의 또 다른 모습입니다. 하나님은 사랑이십니다.

하나님 자신이 인내하는 분입니다. 하나님께는 하루가 천년 같고 천년이 하루 같습니다. 하나님은 "여러분을 위하여 오래 참으시는 것입니다. 그분은, 아무도 멸망하지 않고, 모두 회개하는 데에 이르기를 바라시는" 분입니다. 벧후 3:8-9 참조 그분의 길이 참으심을 멸시하고 회개하지 않는 자들은 심판과 멸망을 당하게 될 것입니다.

우리는 하나님의 '오래 참음'을 경험한 자들입니다. 따라서 우리가 하나님으로부터 경험한 것을 되새김질하여 주변의 이웃들에게 오래 참음으로 대할 때 하나님의 형상을 회복해 갈 수 있습니다.

인내의 시간만큼 여무는 성취의 열매

어린아이들은 인내심이 약합니다. 삶을 이해하는 인지능력이 제한적이고 특히 의지적인 능력이 채 발달되지 않았기 때문입니다. 대인관계 면에서도 다른 사람들을 이해하며 용서하고 포용할 수 있는 능력이 약합니다. 그러나 이런 아이들도 성장하면서 인내할 수 있는 능력이 커집니다. 아울러 심리적인 발달과 성숙이 일어납니다. 따라서 인내심은 한 사람의 심리적인 성숙도를 짐작할 수 있는 하나의 척도입니다. 몸은 어른이지만 심리적으로 어린아이 상태에 머물러 있는 사람들은 나이에 비해 인내심이 부족할 것입니다.

에니어그램에서 인내심과 가장 밀접한 관계가 있는 유형은 3번 '성취자' Achiever 유형입니다. 이 유형의 사람들은 삶이 목표 지향적이며 성취 지향적입니다. 건강한 3번은 성취동기가 강합니다. 그리고 다른 사람들에게 모범을 보이며 동기부여를 잘 시킵니다. 이들은 목표를 달성하기 위해서는 남다른 노력을 기울이기도 하고 성취 과정에서 겪는 여러 가지 어려움들을 회피하지 않고 직면합니다. 온갖 어려움 속에서도 불굴의 노력과 참고 견뎌내는 인내력으로 목표를 달성하는 것이 바로 3번 유형의 특성입니다. 신학적으로 말하자면 소명의식이 투철합니다. 왜 사는지, 무엇을 위해 사는지에 대하여 분명한 인식을 갖고 있기에 자신의 삶에서 성취해야 할 몫을 이루어내는 능력이 있습니다.

　3번의 흑과 백＿ 에니어그램의 다른 유형들과 마찬가지로 건강한 3번이 있는 반면 건강치 못한 3번이 있습니다. 건강치 못한 3번은 목표를 달성하기 위해 수단과 방법을 가리지 않습니다. 때로는 거짓과 술수를 사용하기도 합니다. 이들은 외적인 성취에 몰두한 나머지 자신의 내면을 살피지 않습니다. 게다가 외적인 성취와 업적과 자신의 정체성을 동일시하기 때문에 외면과 내면의 균형을 잃어버리기 쉽습니다.

　심장형이라 불리는 2, 3, 4번 중에서 심장으로 상징되는 감정과의 접촉과 표현이 제일 힘든 사람들이 3번 성취자형입니다. 따라서 타인에 대한 공감이나 긍휼심이 없거나 약합니다. 인내하고 견디기는 하지만 타인을 위해서가 아니고 자신의 입지와 성공을 위해서일 뿐입니다. 언젠가는 상대방을 누르고 올라서기 위해 와신상담臥薪嘗膽하면서 인내하는 것입니다.

　건강치 못한 3번은 자신보다 동기가 약하거나 능력이 떨어지는 사람들에 대해서는 인내심을 갖기 어렵습니다. 자신과 그들을 비교하여 그들을 비하하거나 무시하며 다그칩니다. 자신의 성취를 위해서는 온갖 수모를 견디고 참아내면서도 막상 타인과의 관계에서는 인내심과 이해심이 부족합니다.

　그래서 건강치 못한 3번은 자기 자신을 지나치게 사랑하는 성격적

결함을 드러냅니다. 이들은 자신이 탁월하고 능력이 있으며 특별한 사람들만 자신을 이해할 수 있다고 생각합니다. 특별한 사람들과만 관계하고자 하는 욕구가 강한 반면, 자신보다 약한 자들에 대해 공감하는 능력은 매우 약합니다. 3번이 점점 건강하지 못한 상태로 방치되면 모든 타인을 경쟁 대상으로 생각합니다. 그래서 성공의 사다리를 올라가는 과정에서 타인들에게 시기심과 적개심을 품습니다. 심지어 상대방의 약점을 공격하여 자신이 먼저 고지를 점령하는 반사회적 행동까지 서슴지 않게 됩니다.

자수성가한 사람들은 대부분 3번일 가능성이 높습니다. 이들은 "일찍 일어나는 새가 모이를 줍는다"는 격언을 신봉합니다. 남들보다 더 일찍 일어나며 더 열심히 일함으로써 성공신화를 이루어내는 사람들이기 때문입니다. 이들은 사회적으로 분명히 칭찬받고 존경받아야 합니다. 게으른 사람들과 대조적으로 어려운 환경을 극복하고 열심히 노력해서 소기의 목표를 달성하며 사회에 기여하는 것은 미덕입니다.

그러나 3번 유형의 사람들이 오랜 시간 동안 지나치게 참고 견디고 절약하고 애쓰는 생활을 하다 보면 완벽주의자에게 나타나는 특징인 강박성 성격을 갖게 될 위험이 많습니다. 자수성가한 사람들은 대부분 사소한 면까지 다 간섭하며 통제하려는 욕구가 큽니다. 이들은 타인에게 잘 위임하지 못하며 경제적으로 지나칠 정도로 검소한 삶을 삽니다. 그리고 자신과 타인의 실수를 이해하고 용납할 수 있는 여유가 없습니다.

"나는 성취해야 한다"

건강치 못한 3번이 위기에 처하거나 스트레스를 많이 받으면 9번 '평화주의자'가 건강하지 않은 상태에서 나타내는 증상을 드러내기 시작합니다. 즉 고통을 직면하는 대신 회피합니다. 자신의 내면을 성찰하고 인식하려는 노력 대신 타인이나 환경을 탓합니다. 이것이 지나치면 무언가에 중독되어 자신의 내면을 마취시킵니다. 경쟁 과정에서 생겨난 대인관계 갈등이나 심리내면의 갈등을 직면해서 해결하는 대신 미루거나 억압합니다.

3번이 건강하게 변화하고 성숙해지려면 6번 '로얄리스트'의 장점을 개발할 필요가 있습니다. 즉 주변 사람들을 신뢰하는 것입니다. 그리고 거짓과 기만과 배신을 일삼는 대신에 신실한 사람이 되도자 노력해야 합니다.

3번은 자기가 추구하는 목표가 분명하고 이를 이루기 위해 엄청난 노력을 아끼지 않는 유형입니다. 반면 이러한 과정에 주변 사람들을 소중히 여기지 않는 단점이 있습니다. 오히려 자신의 목적 달성을 위해 사람을 이용하기까지 합니다. 반면 6번의 경우는 인간관계에서 성실하고 책임감이 높습니다. 끝까지 신의를 지키는 타입으로 이러한 장점을 3번이 잘 배운다면 훌륭한 리더가 될 수 있을 것입니다.

3번은 자신에게 접혀져 있는 날개인 2번 '헬퍼'의 특성을 살릴 필요가 있습니다. 자신의 성취와 성공에 급급해 하는 대신 삶의 여정이나 신앙 여정에서 다른 사람들도 함께 성공할 수 있도록 격려하며 코칭 하는 것입니다. 또 다른 날개인 4번 '예술가'의 특성을 살려 사람들의 내면을 살피며 외적인 성취와 더불어 내적인 충실을 지향하는 삶을 살 때 3번의 달란트를 균형 있게 사용할 수 있습니다.

건강치 못한 3번이 쉽게 사용하는 방어기제는 '억압'과 '부인'과 '동일시'입니다. 자신의 내적인 필요와 동기에 대한 충분한 인식과 자각 없이 목표만을 지향할 때 감정과 갈등은 억압됩니다. 목표를 성취하기 위해 거짓말과 술수를 사용할 때 초자아의 센서가 점점 무디어지며 마침내 기능이 마비됩니다. 더 나아가 거짓조차 진실로 호도하거나 진실을 부인합니다. 성공의 대상이라 여겨지는 이상화 된 대상이나 목표와 자신을 지나치게 동일시한 나머지 객관적인 자기 인식이 부족하여 과대평가하는 우를 범할 수 있습니다. 이같은 방어기제를 자주 사용하면 참된 자아의 성장은 점점 어려워집니다. 반면 거짓자아가 발달하여 거짓자아를 워우워참자아로 착각하며 살게 됩니다.

성공의 사다리를 남들보다 빨리 오르기 위해 달려온 사람들은 숨 고르기를 하며 자신을 돌아보는 하프타임이 절실합니다. 무조건 목표를 향해서 뛴다고 지혜로운 것이 아닙니다. 무조건 참고 견디고 절약하고 인내한다고 지혜로운 것도 아닙니다. 속도보다 중요한 것은 방향입니다. 갈라디아서의 말씀처럼 무엇을 위하여, 어떤 목표를 향하여 인내하며 경주하느냐가 중요합니다.

남들보다 더 빨리 뛴다고 의미가 있는 것이 아닙니다. 아무리 빨리 출발하고 나이보다 빨리 승진하고 조기 입학한다 할지라도 하나님과 관련된 분명한 소명의식이 없다면 그 인내와 수고는 이 세상에서만 유효한 성공일 뿐입니다. 반면 남들보다 좀 출발이 늦는다 할지라도, 승진이 늦고 설령 좌절된다 할지라도, 성령을 기쁘시게 하는 목적을 염두에 둔 경주를 한다면 그 인내와 수고에는 영생으로 이어지게 하는 진정한 생명력이 있습니다.

인간을 아름답게 하는 힘, 미덕

속임과 성취의 수레바퀴 속에서, 야곱

야곱은 출생할 때부터 형과 경쟁하여 형의 발꿈치를 잡고 나올 정도로 경쟁의 사람이었습니다. 얍복 강 사건 이전까지의 야곱은 주로 축복받고 인정받으며 성공하는 것을 추구했습니다. 약 20년 동안 외삼촌 라반의 집에 살면서 그는 '보이지 않는 것' 대신에 '보이는 것' 만을 좇았습니다. "낮에는 더위에 시달리고, 밤에는 추위에 떨면서 눈 붙일 겨를도 없이 지낸 것, 이것이 바로 저의 형편이었습니다"^{창 31:40} 라는 고백에서 알 수 있듯이 그는 성취와 성공이란 목표를 위해 자신의 모든 것을 희생하는 삶을 살았습니다. 이런 모습은 야곱이 가진 장점이긴 했지만 그것이 '참 자기' 는 아니었습니다.

자신의 '거짓 자기' 가 생존과 적응에 도움을 주기는 했지만 존재 자체가 위협을 당할 때에는 능력이 없음을 그는 얍복 나루에서 깨달았습니다. 밤새 하나님과 씨름한 끝에 환도뼈가 위골되면서 그는 독립적으로 자신의 삶을 이끌고자 했던 마음에서 하나님께 의존하는 믿음으로 옮겨가는 참 자기, 새로운 자기를 발견합니다. 야곱에게는 3번이 가진 약점이 있었지만 하나님은 그를 회복시키셨고 '야곱의 하나님' 으로 자신을 계시하기를 기뻐하셨습니다.

─이관직 『성경인물과 심리분석』 중에서

🍃 건강한 인내심 만들기 프로젝트

한계가 느껴질 때마다 기도하라_ 인내에는 한계가 있습니다. 〈내 주는 강한 성이요〉라는 찬송을 작사 작곡한 마르틴 루터는 종교개혁 과정에서 좌절한 적이 있었습니다. 일개 신부에 지나지 않는 그가 로마 교황청을 상대로 도전장을 낸 것은 다윗과 골리앗의 싸움에 비견할 수 있는 것이었습니다. 그는 "내 힘만 의지할 때는 패할 수밖에 없도다"라는 찬송 가사의 의미를 잘 알고 있었습니다.

용서도 마찬가지입니다. 인간적인 힘으로는 베드로가 생각한 것처럼 같은 잘못을 반복하는 다른 사람을 일곱 번까지 용서하기조차 힘든 것이 우리의 실제 모습입니다. 그러나 하나님이 우리에게 힘을 공급해 주시면 일흔 번씩 일곱 번이라도 용서할 수 있는 마음이 다시 싹틀 수 있습니다. 그리고 기도는 하나님께 시선을 고정시키는 데 가장 좋은 방법입니다. 때를 정하여 기도해 보십시오. 기도하다 보면 그 한계를 넘어선 자신을 발견할 수 있을 것입니다.

믿음의 교제권 안으로 들어가라_ 우리 주변에 참고 견뎌야 하는 상황에서 살고 있는 신앙인들과 가정들이 많이 있음을 인식할 때 덜 좌절할 수 있습니다. 실존주의적 심리치료사인 어빈 얄롬Irvin Yalom은 그룹 치료 과정에서 발견되는 치료적 요인 중의 하나는 고난의 보편성이라고 지적한 바 있습니다.[14] 자신만이 힘든 상황에 처해 있다고 느끼는 각각의 그룹원이 그룹 치료 과정에서 다른 동료들의 이야기를 들을 때 치료 효과가 있다는 것입니다. 자신보다 더 힘든 환경에서 분투하며 살고 있는 동료들이 있음을 깨닫게 될 때 상대적으로 자신의 고통의 크기가 작게 느껴지기 때문입니다.

양상은 다르지만 힘든 상황 속에서 인내하며 경주하는 신앙의 동료들이 많음을 기억할 때 새 힘을 얻을 수 있습니다. 혼자 고립되어 신앙생활을 하는 것은 한계가 있습니다. 힘들다고 공동체를 떠나는 경우도 있는데 이것은 좋은 방법이 아닙니다. 교회의 몸에 소속되어 함께 봉사하거나 성경을 공부하면서 다른 사람들의 생각을 들어보십시오.

멀리 내다보고 한 걸음씩 내딛어라_ 단거리 경주와 달리 장거리 경주인 마라톤은 참으로 인내력을 필요로 합니다. 누가 일등 하느냐 하는 것은 신앙의 경주에서 중요하지 않습니다. 중요한 것은 그 경주를 끝까지 포기하지 않고 완주하느냐 하는 것입니다. 우리는 당장의 감정에 사로잡혀 경주를 중도 포기하는 어리석음을 범하지 말아야 합니다. 장기적인 비전을 갖고 현재의 고난과 고통을 재해석하며 인내로 한 발 한 발 내딛는 사람을 하나님은 기뻐하십니다. 복음주의 작가인 필립 얀시는 자신의 마라톤 참여 경험을 다음과 같이 반추합니다.

나는 42km를 달리면서 인간의 모든 감정을 다 겪어 보았다. 흥분과 절망의 최고점은 순식간에 지나가버렸다. 나를 유지시켜 준 것은 인내와 지구력 그리고 친구의 격려였다. 나중에 그 경주를 회고해 보니 놀랍게도 그때의 나의 온갖 감정들은 마라톤 잡지에서 묘사한 정상적인 상태와 일치했다. 나는 그 당시 먼 곳까지 바라보지 못하고 그저 한발 한발 끝까지 달리겠다는 결심만 굳게 했다. "날 수 없다면 달리십시오. 달릴 수 없다면 걸어가십시오. 걸어갈 수 없다면 기어가십시오." 마틴 루터 킹 2세는 인권 운동가들에게 자주 그런 말을 했다. 그의 충고는 마라톤 선수나 크리스천들에게 모두 적용될 수 있다. 기다림 그 자체가 뛰어난 믿음과 용기의 행동이다.[15]

인간을 아름답게 하는 힘, 미덕

인내심을 가진 당신을 위한 격려

타인에 대한 인내심을 갖는 것이 중요한 만큼 당신 자신에 대해서 인내심을 갖는 것 또한 중요합니다. 당신은 쉽게 잘 변하지 않는 자신의 모습을 보면서 갈등하고 좌절할 때가 종종 있을 것입니다. 하나님에 대한 믿음조차 초라하고 부끄럽게 여겨질 정도로 약해 보일 때도 있지요. 그렇더라도 포기하지 마십시오. 심리적, 신앙적 성숙은 하루아침에 일어나지 않습니다. 우리는 평생 동안 성숙의 과정을 밟아야 하는 부족한 사람들입니다. 당신이 한발이라도 앞을 향해 내디디며 주어진 의의 길을 끝까지 달린다면 하나님은 결승점에서 당신을 두 팔로 안아 주실 것입니다.

다른 사람에 대해서도 마찬가지입니다. 한 가정이 제대로 자리를 잡으려면 남편과 아내는 서로 인내하며 참고 견디는 법을 배워야 합니다. 한 교회가 주님의 몸 된 건강한 유기체로서 성장하려면 지체들끼리 서로 참고 견디는 맷집을 키워야 합니다. 우리가 신앙적으로 제대로 자라기 위해서는 하나님이 우리를 향하여 견뎌주시고 인내하시는 사랑이 필요합니다. 우리는 이미 이같은 사랑을 받은 자들입니다. 우리 주변의 사람들과의 관계에서 좀 더 인내하며 견뎌주는 사랑을 한다면 심리적으로나 영적으로 성장하게 될 것입니다.

회사생활을 할 때도 마찬가지입니다. 우선 부하직원, 동료, 상사를 대할 때 최고의 고객을 맞이하듯이 상대할 것을 권합니다. 당신은 사람보다 일의 성취나 업적에 치우칠 때가 많기 때문에 함께 일하는 사람을 소홀히 여길 가능성이 많습니다. 그들의 의견을 귀 기울여 듣고 그들이 필요로 하는 것에 관심을 가져 보십시오. 당신에게 자신이 소중한 존재라는 느낌을 받는다면 그들은 최고의 팀워크를 이루어낼 것입니다.

중요한 것 한 가지, 당신의 내면을 정기적으로 살피는 것이 중요합니다. 당신은 자칫하면 일에 몰두하는 유형이기 때문에 내면에서 어떤 일이 일어나고 있는지 지나치기 쉽습니다. 무엇이 나를 지치게 하는가? 내게 행복감을 느끼게 해주는 것은 무엇인가? 이런 내면의 소리에 귀를 기울인다면 좀 더 균형 있는 성장을 이룰 수 있을 것입니다.

4
특별한 가치를 빛내주는 자긍심

모든 것이 하나님으로부터 온 선물임을 깨달을 때 그 진가를 알 수 있습니다.

자존심을 가진 사람들의 특징

☐ 창의적이다.

☐ 사물을 볼 때 직관적이다.

☐ 다른 사람보다 탁월해야 한다고 생각한다.

☐ 다른 사람들은 나만큼 사물을 깊이 있게 이해하지 못한다.

☐ 항상 자연스럽게 있는 그대로 행동하고 싶지만 잘 안된다.

☐ 자의식이 강하다.

☐ 변덕스럽고 싫증을 잘 낸다.

☐ 좋은 매너와 고상한 취미를 중요하게 생각한다.

☐ 표현력이 풍부하다.

☐ 나 자신을 평범한 사람이라고 생각하고 싶지 않다.

☐ 일반적이고 진부한 표현으로는 자신의 감정을 충분히 나타낼 수 없다.

☐ 인간관계가 잘 풀리지 않을 때 남들보다 고민을 더 하는 것 같다.

✳ 이들의 주요 관심사

나는 나 자신을 표현할 수 있는가?

어떤 율법교사가 일어나서, 예수를 시험하여 말하였다.

"선생님, 내가 무엇을 해야 영생을 얻겠습니까?"

예수께서 그에게 말씀하셨다.

"율법에 무엇이라고 기록하였으며, 너는 그것을 어떻게 이해하고 있느냐?"

그가 대답하였다.

"'네 마음을 다하고 네 목숨을 다하고 네 힘을 다하고 네 뜻을 다하여,

주 너의 하나님을 사랑하여라' 하였고, 또 '네 이웃을 네 몸같이 사랑하여라' 하였습니다."

예수께서 그에게 말씀하셨다.

"네 대답이 옳다. 그대로 행하여라. 그러면 살 것이다."

누가복음 10장 25–28절, 표준새번역

자긍심이란

자기긍지심 또는 자기긍정심의 줄임말입니다. 또한 자존심, 자존감, 자기 존중, 자기 사랑, 자부심 등과 동의어로 사용됩니다. 반대어로는 열등감, 열등의식, 자기혐오, 자기비하 등이 있습니다. 일반적으로 자긍심이란 단어보다는 자존감이란 단어가 더 많이 사용되는 것 같습니다.

기독교적 관점에서 자긍심 또는 자존감을 이해하려고 할 때 고려해야 할 두 가지 큰 흐름이 있다면 인본주의적 이해와 신본주의적 이해입니다. 인본주의적 이해를 생물학적·심리학적·사회학적 이해라고 본다면, 신본주의적 이해는 전인격적·영적·신학적 이해라고 볼 수 있습니다. 인본주의적 이해는 자긍심을 이해하는 데 나름대로 통찰과 지혜를 줍니다. 그러나 하나님께 기준점을 두지 않은 이해는 한계가 있을 수밖에 없습니다. 인본주의적 이해를 바탕으로 세워진 자긍심을 가지고 살아가는 사람들은 건강에 이상이 오거나 환경적인 어려움과 위기가 찾아올 때 버텨낼 수 있는 힘이 신본주의적 이해를 바탕으로 자긍심을 갖고 살아가는 사람들에 비해 훨씬 떨어집니다.

"너 자신을 알라"는 소크라테스의 말은 자긍심을 이해하는 데 도움이 됩니다. 비교적 정확한 자기인식과 자기평가가 있을 때 건강하고 균형 잡힌 자긍심을 가질 수 있기 때문입니다. 타인과 비교해서 '내가 저 사람보다는 좀 낫지'라고 여기는 자긍심은 뿌리가 약한 나무와 같습니다. '도토리 키재기' 식의 비교 과정에서 생긴 자긍심은 자신보다 좀 더 나아 보이는 사람을 만났을 때는 금세 수그러들 수밖에 없습니다. 오직 하나님과 연결해서 정확한 자기인식을 하는 사람의 자긍심만이 역경과 위기가 와도 크게 흔들리지 않으며 오히려 그 위기 속에서 더 빛나게 됩니다.

진정으로 자신을 사랑한다는 것은

"네 이웃을 네 몸과 같이 사랑하라." 이 말씀은 자긍심, 자존감, 자기 사랑과 관련해서 논란과 토론의 주제가 되어 왔습니다. 대개 신학자들은 "네 이웃을 사랑하라"는 부분을 강조하여 해석하는 경향이 있습니다. 반면 기독교 심리학자들은 '네 자신을 사랑하는 것처럼' 도 아울러 강

인간을 아름답게 하는 힘, 미덕

조하여 해석합니다.

자신을 사랑한다는 것은 무엇을 의미하는 것일까요? 자신을 사랑할 줄 모르는 사람이 과연 이웃을 제대로 사랑할 수 있을까요? 사랑을 받아본 적이 없는 사람이 타인을 건강하게 사랑할 수 있을까요? 자신을 사랑하는 것은 이기적이며 개인주의적인 것이 아닐까요? 우리는 자기 사랑 혹은 자긍심을 생각할 때 이런 질문들을 던질 수 있습니다. 여기서 자기 사랑이란 단어가 어떤 의미로, 어떤 상황에서 사용되느냐에 따라 해석이 달라집니다.

로날드 롯쉐퍼는 '자기'와 '자기 사랑'에 대한 오해들을 올바르게 이해할 수 있는 글을 썼습니다.[16] 아울러 월터 콘의 책은 목회상담학적 관점과 영적 지도의 관점에서 '자기' 개념에 대해서 잘 설명합니다.[17] 자기 사랑은 상황에 따라서 긍정적이고 추천할 만한 것이 될 수 있고 반대로 부정적이며 치료받아야 할 부분이 될 수도 있습니다. 이것은 영어 단어 pride가 '자부심'이라는 긍정적 의미와 '교만'이라는 부정적 의미를 함께 담고 있는 것과 마찬가지입니다.

사랑으로 포장된 병든 자긍심_ 저는 "네 이웃을 네 몸과 같이 사랑하라"는 말씀이 이웃 사랑과 자기 사랑을 함께 강조하는 것이라고 해석해도 무리가 없다고 생각합니다. 이 말씀은 오히려 사랑을 실천함에 있어서 균형을 이루는 것이라고 봅니다. '네 이웃을 사랑하라'는 것이 양각과 같이 명료화된 말씀이라면 '네 자신을 사랑하라'는 가르침은 음각과 같이 내포된 말씀으로 이해할 수 있습니다. 우리는 인간이기 때문에 이웃을 사랑한다 하더라도 그 사랑에는 한계가 있을 수밖에 없습니다. 모든 이웃을 다 사랑할 수 없고, 모든 사람들을 다 사랑할 수 없기 때문입니다. 일반적으로 크리스천은 가까운 이웃 몇 명에게, 기회가 주어질 때 사랑을 베푸는 것으로 이웃 사랑을 실천합니다. 한편 자신을 제대로 돌보고 사랑할 만한 능력이 없는 사람이 과연 이웃의 필요를 민감하게 느끼고 인식하면서 사랑을 베풀 수 있겠느냐고 질문한다면 제 대답은 "아니오"입니다.

에니어그램의 2번 헬퍼 유형 가운데 자신을 제대로 돌보지 못하는 사람은 자신의 도움을 받는 사람을 통제하며 조종할 위험성이 있다고 이미 지적한 바 있습니다. 자긍심이 약한 사람은 열등감 때문에 타인의 비위를 맞추려고 하거나 무조건 도와주려고 하면서 과잉 사랑을 베풀 가능성이 높습니다. 그렇게 되면 사랑을 준 이웃에게 오히려 부담과 해가 될 수 있습니다. 예를 든다면, 자긍심이 낮은 엄마가 가장 가까운 이웃인 자신의 아이를 양육할 때 과잉 사랑을 베풀어 아이에게 성장할 수 있는 기회를 박탈하거나 숨 막히게 하는 경우입니다.

반대로 사람들 중에는 지나치게 자기 사랑에 집착한 나머지 이웃에 대한 관심이나 사랑을 느끼지도 못하고 표현도 못하는 경우가 있습니다. 성경은 이러한 이기적 사랑을 말세에 나타나는 증상 중 하나라고 정죄합니다. '자기를 사랑하며' 딤후 3:2 '자긍하는 것' 으로 여기서 자긍이란 긍정적 의미의 자기 긍정이 아니라 '뻐기는' boastful 자기 긍정을 의미합니다. 즉, 뻐기고 자랑하고 인정받고자 하는 행동을 말합니다. 이것은 자기에 대한 사랑과 관심을 지나치게 갖고 있는 성격과_{자기애성 성격장애}, 진실을 숨긴 채 배우처럼 연기하는 연극성 성격의 결함을 가진 사람들이 보이는 행동패턴입니다._{연극성 성격장애} 물론 한두 가지 증상만으로 단정지어 말할 수는 없겠지만 보통 심리학에서는 이를 성격장애로 진단하고, 신학적으로는 죄 또는 죄성이라고 진단합니다.

성경에 나오는 인물 가운데 압살롬은 잘못된 자긍심을 소유한 사람의 대표적인 예가 됩니다. 다윗의 셋째 아들로 태어난 그는 다른 형제들과는 달리 자신의 어머니가 왕족 출신이라는 사실에 자부심을 갖고 있었습니다. 게다가 그의 뛰어난 외모도 성장 과정에서 자존감 형성에 큰 도움을 주었을 것입니다. 압살롬은 "발바닥부터 정수리까지 흠이 없음이라"고 기록될 만큼 아름다운 외모와 수려한 머리털을 가졌지만, 여러 왕자들의 틈바구니에서 아버지 다윗으로부터 충분한 사랑을 받지 못해 성인 아이가 될 수밖에 없었습니다.

뛰어난 외모 때문에 사람들로부터 인정과 관심을 받았음에도 불구하고 여전히 채워지지 않는 인정의 욕구가 그를 지배했습니다. 그러한 욕구는 압살롬을 성급한 권력욕으로 몰고 가서 마침내 아버지 다윗을 반역하는 행동으로까지 이어집니다. 결국 압살롬은 자신이 자랑하던 긴 머리털이 상수리나무에 걸리는 바람에 요압의 창에 맞아 비참한 최후를 맞이했습니다.

스스로를 돌보며 가꾸는 긍정의 자기 사랑_ "네 이웃을 네 몸과 같이 사랑하라"는 명령 속에는 평행과정 parallel process 이 담겨 있습니다. 이웃을 사랑하는 모습과 자신을 사랑하는 모습 사이에는 어떤 연관성이 있는데, 이처럼 한 관계에서 일어나는 과정이 다른 관계에서 일어나는 과정과 비슷하거나 직접적인 연관성이 있는 것을 평행과정이라고 합니다.

사도 바울은 에베소서에서 이같은 현상을 잘 표현합니다. "아내이신 여러분, 주님께 순종하는 것같이 남편에게 순종하십시오. 그리스도께서 교회의 머리이심과 같이 남편은 아내의 머리이기 때문입니다. 그리스도께서는 그분의 몸인 교회의 구주이십니다. 교회가 그리스도께 순종하는 것같이 아내들도 모든 일에서 남편에게 순종하십시오. 남편이신 여러분, 그리스도께서 교회를 사랑하셔서 교회를 위하여 자기를 내주신 것같이 아내를 사랑하십시오."엡 5:22-25

바울은 아내와 남편의 관계와 그리스도와 교회의 관계 사이에 유사성과 관련성이 있다고 지적합니다. 그는 "네 이웃을 네 몸과 같이 사랑하라"는 말씀과 똑같은 문장 구조를 사용하면서 "이와 같이 남편들도 자기 아내를 자기 몸과 같이 사랑하여야 합니다. 자기 아내를 사랑하는 사람은 자기를 사랑하는 것입니다"라고 권면합니다. 남편과 아내는 서로 한 몸이기 때문에 이웃이라고 표현하는 것이 어색하게 들릴 수 있지만, 엄밀히 말해 남편에게 가장 가까운 이웃은 아내입니다. 그렇다면 이 말씀을 좀 더 적용해 볼까요? 바울은 자기를 사랑하는 것이 무엇인지 구체적으로 더 설명합니다. "아무도 자기의 육신을 미워하지 않습니다. 그리스도께서 교회를 기르시고 돌보시는 것처럼, 사람은 자기의 육신을 가꾸고 보살핍니다."엡 5:29 이 본문을 통해 앞에서 언급한 "네 이웃을 네 몸과 같이 사랑하라"는 말씀을 볼 때 '네 자신을 사랑하라'는 의미를 적용해도 성경적으로 무리가 없음을 알 수 있습니다. 따라서 성경은 자기를 미워하거나 비하시키거나 파괴적으로 대하지 않고 오히려 돌보고 휴식하며 가꾸는 것을 긍정적으로 격려합니다.

너와 내가 특별한 이유_ 신학적인 관점에서 자긍심을 이해하려고 할 때에는 창조·타락·구속이라는 신학적 패러다임이 유용합니다. 신묘막측하게 창조된 우리 인간의 모습에 대한 확신이 있을 때 자신과 타인을 소중하게 대할 수 있습니다. 하나님의 형상으로 지음 받은 인간을 존중하며 그런 존재로서 존중받는 것은 건강한 자긍심을 형성하는 데 매우 중요합니다.

아울러 죄로 인하여 타락하고 오염된 인간의 모습을 충분히 인식할 때, 죄를 짓고 파괴적인 행동을 하기도 하는 인간의 본성과 한계성을 인정하는 자긍심을 가질 수 있습니다. 자긍심은 100퍼센트 좋은 것만 있다고 해서 생기는 것이 아니기 때문입니다. 인간의 밝고 어두운 면을 모두 인정하고 인식할 때 균형 잡힌 자긍심을 가질 수 있습니다.

독생자 예수님이 죽음의 값을 지불할 만큼 가치 있는 존재가 인간이라는 점을 이해할 때 인간은 자긍심을 가질 수 있습니다. 비록 질그릇 같이 연약한 존재이지만 구원 받고 하나님의 손에 사용되면 귀하고 강한 존재, 특별한 존재가 될 수 있다는 것이 복음입니다. 또한 성도는 거룩한 존재인 동시에 여전히 죄성을 가진 존재임을 받아들일 때 균형 잡힌 자긍심을 가질 수 있습니다.

자신에게 부여하는 특별한 ID

심리학적으로 '자아'ego 는 생물학적인 발달과 밀접한 관계가 있습니다. 인간이 동물과 구별되는 것 중에 하나가 바로 이 자아이며, 자아의 기능은 생물학적 발달 시기에 따라서 자연스럽게 달라집니다. 자아의 발달도 환경적인 영향과 밀접한 관계가 있습니다. 그러나 자아와 구별된 의미로 사용되는 '자기'의 발달은 전적으로 어떠한 대상과의 관계를 경험하면서 일어난다고 해도 과언이 아닙니다.

'자기'는 의미 있는 대상과의 관계를 지속적으로 경험하면서 어느 정도 일관성 있게 응집된 심리적 실체를 의미합니다. 심리학자들은 비교적 건강한 대상관계 경험을 통해 적절한 공감을 받으면 '참 자기'가 발달한다고 주장합니다. 반면 충분한 공감이 이루어지지 못한 경험을 하거나 아예 대상관계 경험 자체가 결핍될 때에는 '허약한 자기' 또는 '거짓 자기'가 발달한다고 봅니다. 따라서 자기는 심리학적으로나 환경적으로 대상과 상호작용하면서 생성되고 발달하는 것이라고 볼 수 있습니다. 그러므로 아기가 태어나면서부터 자긍심을 저절로 갖게 되는 것이 아닙니다.

성장하는 과정에 어떤 대우와 관심을 받았느냐에 따라 건강한 자긍심을 가진 사람이 되며, 반대의 경우 건강치 못한 자긍심, 즉 열등감을 가진 사람이 됩니다.

데이빗 칼슨은 자긍심 또는 자존감을 '특별히 자신에게 부여하는 긍정적인 가치', 자기 사랑을 '자신에게 표현하는 호감, 돌봄, 헌신'이라고 구별합니다. 자기 개념을 '자신에 대해 갖는 이미지', 자기 자신감을 '자신에 대해 갖는 신뢰감과 신념', 그리고 자기 용납을 '개성에 대한 존경, 존중, 인정'이라고 구별해서 정의합니다.[18]

자긍심은 자신을 타인과 '구별 짓는' 것에 기초합니다. 부모가 아기의 이름을 짓는 것은 타인과 구별하는 첫 번째 작업입니다. 영어로 신분증을 ID라고 줄여서 표현하는데 이것은 identification의 약자입니다. 이 단어는 '규명하다, 밝히다, 동일시하다'라는 뜻을 가진 identify라는 동사에서 온 명사형입니다. '정체성'이라는 단어 identity도 같은 어근에서 온 것입니다. 이름은 주어진 것인데 그것을 자신과 동일시하고 자신의 것으로 여길 때 자긍심이 생깁니다.

사람들 중에는 이름 때문에 상처를 입고 성장하는 경우가 많습니다. 남자 아이가 여자 아이 이름으로 인해 놀림을 받으면 건강한 자긍심을 갖기 어렵습니다. '끝순, 말순'과 같이 순서 이상의 다른 의미가 없는 이름은 자긍심을 갖고 동일시하기가 매우 어렵습니다. 나이가 들어서도 굳이 개명하기 위하여 법적 절차를 밟는 사람들이 있는 것도 이름이 자긍심과 관련되기 때문입니다.

내 자긍심의 플러그가 꽂혀 있는 곳_ 자긍심은 '연결 짓기'와 '구별 짓기'라는 두 가지 중요한 심리적 과제에 의해서 발달합니다. 즉 자신과 자신을 돌보는 중요한 사람, 즉 엄마, 아빠와 같은 존재를 연결 지을 때 생겨납니다. 엄마의 관심과 사랑을 충분히 받고 소화하게 될 때 아기는 엄마와 자신 사이의 연결고리를 계속 이어갑니다. 그리고 그 연결고리를 토대로 다른 관계를 맺고자 하는 욕구도 갖게 됩니다. 뿐만 아니라 엄마의 따뜻한 젖과 일관성 있게 제공되는 수유, 따스한 품과 적절한 수면이 있는 '품어 주는 환경'이 주어졌을 때 아기는 서서히 자신이 소중한 존재로 대우받는다는 것을 인식하게 됩니다. 반복적으로 자기 자신이 받아들여진 경험을 자신의 것으로 소화하며, 자신의 것으로 동일시하여 마침내 "It's me"라고 인정하게 되는 것입니다. 이런 경험이 축적되면서 생겨난 자기를 외부대상이 돌보아 주었듯이 스스로 돌보고 인정할 때 건강한 자긍심이 발달한다고 볼 수 있습니다.

연결 짓기와 관련해서 좀 더 이야기를 해보겠습니다. 부모가 존경스러운 분이 아닐 때 자녀들은 스스로를 존중하기가 어렵습니다. 오히려 수치심을 느끼지요. 그리고 가능하면 부모에 대한 이야기를 하려고 하지 않습니다. 존경스럽지 못한 부모의 이미지는 자녀의 내면세계에 부정적인 영향을 끼칩니다. 그렇기 때문에 자녀 스스로 자신을 인정하거나 긍정하지 못하고 긍지심을 갖기도 어렵습니다.

이 역동성을 크리스천들에게 적용해 볼 수 있습니다. 크리스천이란 그리스도와 연결된 사람, 즉 예수님과 연관성이 있는 사람입니다. 예

인간을 아름답게 하는 힘, 미덕

수님과 연결된 것을 부끄러워하는 이들은 세상에서 자신이 크리스천이라는 것을 드러내지 못합니다. 반대로 천지만물을 창조하고 주관하시는 하나님이 자신의 아버지가 되시고 예수님은 맏형이 되시며 성령님이 자신의 마음에 내주하신다고 연결 지으며 사는 크리스천은 세상이 감당할 수 없는 당당함과 의젓함과 자신감을 갖고 살 것입니다.

구별 짓기와 관련해서 자긍심을 살펴보겠습니다. 아이가 성장할 때 그 아이의 독특성을 인정해 주며 수용해 줄 때 아이의 자긍심은 건강하게 발달합니다. 각 자녀의 독특성을 무시하고 자녀들을 똑같이 취급하거나 똑같이 되기를 요구하면 자긍심이 건강하게 발달하기 어렵습니다. 그리고 있어도 그만, 없어도 그만인 존재처럼 대우받으면 아이는 자신이 굳이 이 세상에서 존재해야 하는 이유를 깨닫지 못합니다. 이런 자녀들은 삶의 위기가 닥쳐올 때 자신의 생을 쉽게 포기하게 될 위험성이 높습니다.

하나님은 이 세상에 존재하는 모든 인간이 기본적인 몸의 구조나 틀은 다 같지만 유전자를 통해서 모두 다 구별될 수 있는 존재로 창조하셨습니다. 지문 하나도, 눈의 홍채도 동일한 사람이 없도록 신묘막측하게 창조하심으로써 수십억의 사람들 중에서도 각자가 소중한 존재라는 점을 확인시켜 주고 계십니다.

4번의 흑과 백_ 에니어그램에서 자긍심과 가장 밀접한 관계가 있는 유형은 ‘예술가’ 형 또는 ‘개인주의자’ 형으로 불리는 4번입니다. 4번 유형의 사람들이 가진 기본적인 욕구는 "나는 특별해야 한다"입니다. 즉 다른 사람들과 구별되는 독특성을 갖기 원하는 것입니다. 이들은 세상을 바라볼 때 남들이 보지 못하며 느끼지 못하는 것을 느끼는 예술적 감각과 심미성을 갖고 있습니다. 자신이 느끼는 것을 표현할 때에도 2번 유형처럼 직접적으로 표현하기보다 간접적, 우회적, 상징적으로 표현하는 것을 좋아합니다. 여러 형태의 예술 활동은 바로 이같은 상징적 표현이라고 볼 수 있습니다.

건강한 4번은 직관적이며 창의적입니다. 감정적으로 솔직하며 자기 인식을 잘 합니다. 이들은 감수성이 뛰어나며 아름다운 것을 통해 자신의 감정을 표현할 수 있는 능력이 있습니다.

건강치 못한 4번이 빠질 수 있는 위험은 염세주의, 퇴폐주의, 그리고 우울증입니다. 이러한 증상은 자신이 다른 사람들에 비해서 그다지 독특하지 않다고 여기거나 다른 사람들의 관심을 끌지 못할 때 생깁니다. 또한 다른 사람들이 자신을 이해하지 못한다고 생각할 때에도 이런 증상에 빠지기 쉽습니다. 자신이 다른 사람들을 이해하기 어려울 때 자신을 제대로 인식하고 평가하기보다는 외부 환경이나 사람들을 비난하며 자신을 무력화 시킬 수 있습니다.

자신은 진지하게 삶을 사는데 반해 세상 사람들은 너무 경박하고 천하다고 생각할 수 있습니다. 그리고 자신의 내면세계를 이해할 수 있는 사람이 거의 없다고 여길 때 외로움과 폐쇄성을 유지하며 살게 됩니다. 그래서 사회 생활을 하기 힘든 유형이기도 합니다. 다른 사람과 잘 어울리지도 못하고 다른 사람들도 이 유형의 사람을 이해하지 못하는 경우가 많습니다. 상징적인 표현을 쓰기 때문에 거리감도 있고 잘난 척 하는 것처럼 보여 사람들도 꺼리게 됩니다.

4번이 우울증과 염세주의가 심할 경우에는 자살을 시도합니다. 대표적인 예를 든다면, 천재적인 화가이자 진지한 기독교 사상가였던 빈센트 반 고흐의 경우입니다. 목회자 가정에서 장남으로 태어난 그는 자신의 내적 고민과 갈등을 동생에게만 편지로 고백하며 외로운 삶을 살다가 자살로 삶을 마감하고 말았습니다. 자화상을 그리면서 마음에 들지 않는다고 자신의 귀를 잘라 버리는 행동을 했다는 에피소드는 유명합니다. 사람들은 그가 정신분열증을 앓았다고 보기도 하고 조울증을 앓았다고 진단하기도 합니다.

돈 리소는 4번 유형의 사람들은 대부분 성장하면서 부모와의 관계에서 어려움을 겪었을 가능성이 있다고 지적합니다.[19] 부모로부터 거절당하거나 부모가 이혼하거나 또는 병으로 아이들을 제대로 돌보지 못한 환경에서 4번의 특성이 강화될 수 있습니다. 이런 환경에서 아이들은 자기 세계에 빠져들어 공상이나 환상을 갖게 되며 삶에 대해 진지해집니다. 이들은 분노를 주로 자신에게 표현합니다. 이것이 지나치면 자기비하 또는 자기혐오로 빠지기도 합니다.

"나는 특별해야 한다"

건강치 못한 4번의 경우 감정의 기복이 심해진다거나 자기 정체성이 불안정하다든가, 대인관계에서 지나치게 이상화 하거나 비하하곤 합니다. 때로 충동적이 되기도 하고 심하게 분노를 표현하면서 자살 위협을 하는 증상들을 보이기도 합니다.경계선 성격 장애

성장기에 제대로 공감을 받지 못한 사람들의 경우에는 자신을 과대평가 하며 환상, 공감능력 없음, 착취성으로 이어지기도 합니다.자기애성 성격 장애 이것은 자기 사랑이 이타적인 사랑으로 성장하지 못하고 여전히 유년기 상태에 정체되어 있는 것을 의미합니다. 또한 4번이 갖고 있는 특별함에 대한 욕구는 타인의 관심을 끌고 인정받고 싶은 마음에 자신의 행동을 의도적으로 연극처럼 꾸미는 형태로 드러나기도 합니다.

건강치 못한 4번이 위기에 처할 때 2번이 갖고 있는 좋지 않은 행동패턴을 드러내게 됩니다. 즉 외로움을 극복하기 위해 사람들에게 다가서되 상호적으로 교류하는 인간관계가 아니라 동반의존적인 관계를 맺습니다. 또는 스스로 삶을 영위할 수 없을 정도로 망가짐으로써 누군가 자신을 책임지고 돌보아 주어야만 하는 상황을 야기시킬 수 있습니다.

4번이 건강해지기 위해 추구해야 할 것은 1번 '개혁자' 형이 갖고 있는 객관성입니다. 자신의 주관적인 감정이나 생각에서 벗어나 원리와 규칙과 틀에 연결시킬 때 좀 더 안정되고 균형 잡힌 정체성을 유지할 수 있습니다. 이것은 특히 구원과 연결해서 생각해 봐도 좋습니다. 구원을

받았는지 못 받았는지에 대해 불안한 감정을 느끼는 사람들이 많습니다. 하지만 구원이란 자신의 주관적인 감정에 좌우되는 것이 아니라 객관적인 하나님의 사랑과 예수 그리스도의 십자가 보혈의 은총에 근거하는 것임을 인식할 때 불안을 극복할 수 있습니다. 1번의 특성인 객관성을 잘 활용한다면, 자신의 감정에 따라 기분이 좋으면 자신이 괜찮은 존재인 것 같다가 기분이 가라앉으면 '쓰레기 같은 존재'로 여기는 불안정한 자긍심을 극복할 수 있을 것입니다.

4번 유형 중에는 3번의 날개를 활용하여 자신에게 있는 독특함을 인내와 노력으로 성취하는 경우가 많습니다. 4번도 결국 자기의 독특한 면을 인정받고자 하는 욕구가 크기 때문에 그 욕구로 목표를 추구하는 경향이 강한 것입니다.

또 다른 날개인 5번을 활용하여 추상적 생각이나 감정을 정리된 명확한 사고와 언어로 표현할 수도 있습니다. 시인들 중에는 4번 유형 중에서도 5번의 날개를 가진 사람이 많습니다. 이들은 목표 의식은 약하지만 오히려 사색을 많이 하고 다른 사람들이 표현하지 못하는 것을 창의적으로 표현해 내는 탁월한 능력을 갖춘 사람들입니다.

꿈꾸는 특별한 사람, 요셉

요셉은 어릴 때부터 열두 형제 중에서 특별한 대우를 받으며 채색 옷을 입는 구별된 아이였습니다. 그가 어릴 때 꾸었던 꿈의 내용도 그의 독특한 면을 잘 표현해 줍니다. 그는 보디발의 집에서도, 심지어 옥에 갇혔을 때에도 특별대우를 받습니다.

그는 꿈의 세계에 민감한 사람이었고 또한 하나님의 지혜로 꿈을 해석할 수 있는 능력을 가진 사람이었습니다. 자기의 내면을 성찰하며 미래를 꿈꾸고 기다리며 인내하는 가운데 그는 자기 안에 숨겨져 있던 리더십의 자질을 발견하게 되었습니다.

―이관직 『성경인물과 심리분석』 중에서

🐾 건강한 자긍심 만들기 프로젝트

하루 10번 이상 칭찬하는 말을 하라_ 부모가 자녀의 개인성과 독특성, 고유한 달란트와 성격을 발견하고 인정하고 존중해 줄 때 자녀는 자긍심을 갖게 됩니다. 하나님이 각각의 자녀에게 주신 소명이 무엇인지를 인식하고 긍정적인 피드백을 줄 때 아이는 자기긍정의 자긍심을 갖게 됩니다.

데이빗 칼슨은 자녀들의 자긍심을 함양시키는 말로 "나는 너를 사랑한다", "너는 우리 가족이야", "너는 능력이 있단다", "나는 너를 믿는다", "나는 너의 느낌과 요구들을 진지하게 받아들인다", "내가 하나님을 따르듯이 나를 따르거라"와 같은 말을 제안합니다.[20]

열등감을 버려라_ 우리의 강한 것과 약한 것, 배운 것과 배우지 못한 것, 건강한 것과 건강치 못한 것, 잘생긴 것과 못생긴 것 모두가 하나님의 주권 하에 주어진 선물임을 깨달을 때 감사할 줄 아는 자긍심이 생깁니다. appreciation은 감사라는 뜻이 있지만 '진가를 파악하는 것'이라는 뜻도 있습니다. 모든 것이 다 주님으로부터 온 은총과 선물임을 고백할 때 선물을 주신 분의 진심과 그 선물의 진가를 알 수 있게 됩니다. 그럴 때 열등감조차 감사의 조건으로 바뀔 수 있으며 열등감을 극복하고 신앙적인 자긍심을 가진 사람으로 우뚝 설 수 있습니다.

하나님에 대한 좋은 이미지를 그려라_ 많은 경우에 하나님의 이미지는 성장기에 경험한 부모의 이미지와 밀접한 관계가 있다는 연구결과가 나와 있습니다.[21] 엄격하고 무서운 부모 밑에서 자란 크리스천들은 하나님에 대해서 엄격하고 무서운 이미지를 갖게 될 가능성이 높습니다. 이것은 왜곡된 이미지입니다. 건강한 부모가 자식에게 '좋은 대상'이 되듯이 하나님은 하나님의 자녀들에게 더욱더 '좋은 대상'이 되신다는 사실을 잊지 말아야 합니다.

자신의 몸을 잘 관리하라_ 몸을 잘 관리하는 것은 '하나님의 선하시고, 기뻐하시고, 온전하신 뜻'에 순종하는 것입니다. 몸은 성령이 거하시는 전이며 거룩한 하나님의 도구이기 때문입니다. 각종 중독과 남용으로 몸을 혹사하는 것은 자신을 사랑하는 것이 아닙니다. 특히 담배나 술은 몸에 백해무익합니다. 지나친 과로도 삼가고 게임이나 비디오, TV에 지나치게 빠지지 않도록 건강한 취미 생활을 시작해 보십시오. 자신을 제대로 돌보는 사람은 다른 사람들의 필요에도 민감하게 반응할 수 있습니다. 자신을 사랑하는 것을 통해 다른 사람들을 사랑하는 법을 배우고 다른 사람들을 섬기는 데 사용해야 합니다.

"만족합니다"라고 말하는 습관을 들이라_ 바울은 "어떠한 형편에든지 내가 자족하기를 배웠다"고 고백합니다. 그는 궁핍할 때나 부요할 때나 모든 상황에서 동일한 마음과 태도로 살 수 있는 방법을 알고 있었습니다. 바울과 같이 어떠한 환경에 처하더라도 자족의 비밀을 배운 사람이야말로 신본주의적 자긍심이 확립된 사람입니다. 환경에 영향을 크게 받는 자긍심은 기초가 약한 집과 같습니다. 그러나 어떤 형편에든지 자족의 비결을 알고 있는 사람의 자긍심은 세상을 이깁니다. 조금 부족하다고 느껴지거나 욕심이 생길 때마다 "이 정도로 만족합니다, 충분합니다"라고 고백하는 습관을 가져 보십시오.

자긍심을 가진 당신을 위한 격려

어떻게 자족하는 법을 배울 수 있을까요? 방법은 간단합니다. "내게 능력 주시는 자 안에서 내가 모든 것을 할 수 있느니라"빌 4:13 는 말씀처럼 능력을 주시는 예수 그리스도 안에 있으면 됩니다. 예수님께 시선을 고정할 때 사람들의 평가나 환경적인 어려움에 좌우되지 않을 수 있습니다. 또 다른 방법은 자신이 처한 환경보다 어려운 환경에 있는 사람들이 있음을 기억하는 것입니다.

당신은 남들이 보지 못하는 것과 느끼지 못하는 것을 보고 느낄 수 있는 능력을 갖고 있습니다. 어려운 환경에 처할 때 신본주의적 자긍심을 가진 사람은 평소에 음미하지 못했던 것을 감사하며 자족합니다. 모든 것을 다 잃어도 여전히 심장이 뛰고 있고 건강이 남아 있음을 인하여 감사할 수 있습니다. 여전히 호흡할 수 있는 공기와 물이 있음을 감사할 수 있습니다. 어려움을 통해서 오히려 하나님께 더 간절히 기도할 수 있음을 인하여 감사할 수 있습니다. 감사하는 사람에게는 부정적인 감정들이 둥지를 틀지 않습니다.

회사 생활을 할 때는 어떨까요? 첫째, 당신은 이성을 좀 더 발달시키는 것이 좋겠습니다. 다른 사람의 숨은 감정까지 잘 읽는 것이 당신의 장점이기도 하지만 업무나 책임을 분담할 때 지나치게 상대의 감정에 민감할 경우 판단력이 흐려질 수 있음을 명심하십시오. 그 사람이 그 일을 좋아할지 싫어할지를 고려하는 것이 나쁘지는 않지만 당신의 감수성과 이성을 동시에 활용한다면 일이나 관계가 훨씬 수월해질 것입니다.

둘째, 다른 사람이 필요로 하는 것이 무엇인지 정확하게 물어 보십시오. 당신의 느낌은 주관적일 수 있고 당신의 표현은 추상적일 수 있습니다. 그러다 보면 의사소통에 문제가 생겨 일을 그르치기 쉽습니다. 그렇기 때문에 다른 사람들에게 직접적으로 그들이 어떻게 느끼는지를 묻거나 원하는 것이 무엇인지 의견을 구하는 것이 바람직합니다.

5
지혜를 지혜답게 하는
분별심

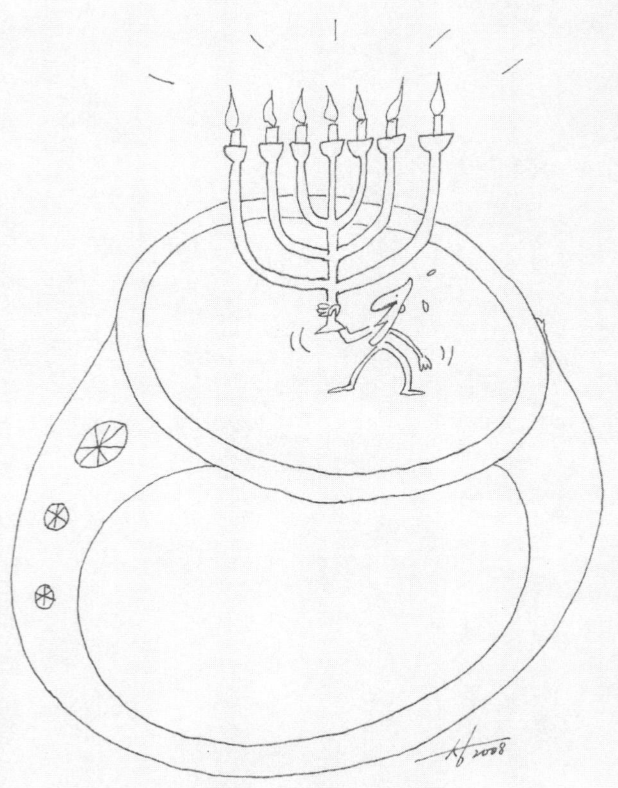

말씀을 거울로 삼는 사람은 하나님의 뜻을 선명하게 분별할 수 있습니다.

분별심을 가진 사람들의 특징

□ 혼자 있는 시간을 좋아한다.

□ 다른 사람보다 침착한 편이다.

□ 사람들한테 주는 정보보다 얻는 정보가 많다.

□ 분석적이고 통찰력이 있다.

□ 철저히 계획을 세운다.

□ 위기 상황에 잘 대처한다.

□ 다른 사람과 거리를 둔다.

□ 정보를 나누지 않는다.

□ 인간관계를 소홀히 한다.

□ 언젠가는 필요할 것 같아 물건들을 모아두는 경향이 있다.

□ 명확한 주제가 없는 대화는 싫다.

□ 자기만의 시간과 공간이 있어야 편안하게 휴식을 취할 수 있다.

✳ 이들의 주요 관심사

내 시간과 에너지와 자원을 다른 사람들이 필요로 할까?

여러분은 이 시대의 풍조를 본받지 말고,

마음을 새롭게 함으로 변화를 받아서,

하나님의 선하시고 기뻐하시고 완전하신 뜻이 무엇인지를 분별하도록 하십시오.

나는 내가 받은 은혜를 힘입어서, 여러분 한 사람 한 사람에게 말합니다.

여러분은 스스로 마땅히 생각해야 하는 것 이상으로 생각하지 말고,

하나님께서 각 사람에게 나누어 주신 믿음의 분량대로, 분수에 맞게 생각하십시오.

로마서 12장 2-3절, 표준새번역

'분별력'이라는
말은 많이 들었어도 '분별심'이라는 단어는 좀 낯설게 들릴 것입니다. '분별하다'라는 뜻을 가진 영어 동사로 differentiate와 discern이 있습니다. 앞의 단어는 차이점을 강조하는 반면 뒤의 단어는 옳고 그름, 선택을 강조하는 뜻을 갖고 있습니다. 영 분별 또는 영적 분별을 한다고 할 때 spiritual discernment라는 표현을 쓰는데 이것은 성령의 사역인지 악령의 사역인지를 분별하는 것을 의미합니다. 뿐만 아니라 하나님의 선하신 뜻을 분별한다고 할 때도 이 단어를 사용합니다. 이처럼 분별은 인간의 일상적인 삶과 영적인 삶에서 꼭 필요한 기능입니다.

분별심은 인간에게만 있는 것이 아닙니다. 동물들도 기본적인 영역에 있어서는 분별하는 능력을 갖고 있습니다. 애완견은 주인과 낯선 사람을 분별하여 반응합니다. 이사야 1장에서 표현된 것처럼 소는 그 임자를 알아차리고 나귀는 주인이 주는 여물통을 구별할 줄 압니다. 더 나아가 동물들도 제한된 범위이기는 하지만 인간이 사용하는 말의 뜻을 분별하여 알아차리고 그것에 따라서 반응하기도 합니다.

이같은 분별 혹은 구별 능력은 보통 오관을 통하여 작동됩니다. 보고, 듣고, 만지고, 냄새 맡고, 맛봄으로써 구별합니다. 그리고 감각 능력이 민감할수록 분별하고, 구별하는 능력은 커집니다. 어느 감각 기관이 제대로 작동하지 않으면 다른 감각 기관이 더 민감하게 발달하기도 합니다. 시각 장애인들의 경우 시각 능력을 대신하고 보완하기 위해 다른 감각 기간이 발달하는 것과 같은 이치입니다.

그러나 인간이 가진 분별심과 동물들이 가진 분별력은 구별됩니다. 인간에게만 있는 분별력, 그것은 인간이 자신의 존재가 동물과 다르다는 것을 분별하고, 영적으로는 창조주와 피조물을 구별하는 능력입니다. 로마서 1장에서 표현된 것처럼 하나님을 알아차릴 만한 능력이 우리 속에 있습니다. 그리고 그의 영원하신 능력과 신성이 그 만드신 만물에 분명히 보여 알도록 되어 있기 때문에 인간은 하나님을 분별하고 경배해야 하는 존재입니다.

이 글에서는 분별이란 단어를 구별이란 단어와 동의어로 번갈아 사용하고 있습니다. 분별과 구별은 지혜의 한 부분입니다. 지혜란 잘 연결 짓는 것과 잘 구별 짓는 것에서 생겨납니다. 그리고 잘 연결하거나 구별할 때 그 행동을 지혜롭다고 표현합니다. 구별해야 할 것은 구별하고

인간을 아름답게 하는 힘, 미덕

연결해야 할 것은 연결하는 것이 지혜입니다. 그 결과로 지식이 생기며 축적됩니다. 세상에 존재하는 모든 지식과 학문은 바로 이 구별하는 과정과 연결하는 과정이 어우러진 것이라고 말해도 과언이 아닙니다.

진리를 알아보고 선택하는 힘

분별심은 인간이 최고의 피조물로서 하나님과 관계를 형성할 때 꼭 필요한 능력이자 미덕입니다. 아기는 심리적, 정신적으로 성장함에 따라 자신을 낳아준 엄마를 분별하고 알아차립니다. 엄마가 와도 반응하지 않고 환경에 대해 분별하여 반응할 줄 모르는 아이는 자폐증이라는 진단을 받습니다.

마찬가지로 인간은 인간을 창조하신 하나님을 알아보고 반응해야 정상입니다. 그러나 인간은 죄로 인하여 분별심이 깨어졌고 그 결과 하나님과 피조물을 구별하지 못하는 어리석은 존재가 되고 말았습니다. 심지어 발달된 과학 문명 속에서 오히려 인간 스스로를 동물과 구별하지 못하는 과학자들이 많습니다. 인간이 하등 동물에서 진화된 고등 동물일 따름이라고 주장하는 것이 가장 과학적인 것처럼 가르치며 그렇게 알고 살아가게 되어 버린 것입니다.

하나님은 자신이 누구신지를 직접적으로, 때로는 기적을 통해, 또는 율법을 통해 이스라엘 백성들에게 알려주셨습니다. 그럼에도 불구하고 그들은 자주 하나님과 우상을 분별하지 못하고 우상숭배의 죄를 반복적으로 범했습니다. 하나님이 예레미야 선지자를 통해서 지적하신 바와 같이 "다시스에서 가져온 은박과 우바스에게 가져온 금으로 꾸미되 공장과 장색의 손으로 만들었고 청색 자색 감으로 그 옷을 삼았나니 이는 공교한 사람의 만든 것"임에도 불구하고 유다 백성들은 어리석고 지식이 모자라 그 우상들이 거짓이고 그 속에 생기가 없는 헛것이며 망령된 것임을 분별하지 못했던 것입니다. 이사야는 그 원인을 다음과 같이 설명하는데 이것은 분별심과 밀접한 관계가 있습니다. "백성이 알지도 못하고 깨닫지도 못하는 것은 그들의 눈이 가려져서 볼 수 없기 때문이며, 마음이 어두워져서 깨달을 수 없기 때문이다."사 44:18 마음의 눈이 어두워졌을 때 그들은 분별할 수 있는 능력을 상실했고 깨닫지 못했습니다.

　　바울은 로마서 1장에서 이같은 분별심의 상실을 다음과 같이 잘 묘사합니다. "사람들은 스스로 지혜가 있다고 주장하지만 실상은 어리석어서, 썩지 않는 하나님의 영광을, 썩을 사람이나 새나 네 발 달린 짐승이나 기어 다니는 동물의 형상으로 바꾸어 놓았습니다."롬 1:22-23

　　스스로 지혜 있다고 착각하면 분별심은 사라지고 맙니다. 하나님을 배제한 지혜는 오히려 인간을 어리석게 만듭니다. 그래서 썩어질 것과 썩지 않는 것을 구별하지 못하게 만듭니다. 하나님이 없는 인간은 썩지 않는 것이 존재하며 보이지 않는 세계와 보이지 않는 분, 즉 하나님이 존재하신다는 사실조차 분별할 수 없습니다. 더 나아가 참과 거짓을 구별하지 못합니다. 피조물과 조물주를 구별하지 못함으로써 동물보다 더

인간을 아름답게 하는 힘, 미덕

어리석은 존재가 되고 맙니다.

이사야는 이 사실을 잘 지적합니다. "소도 제 임자를 알고, 나귀도 주인이 저를 어떻게 먹여 키우는지 알건마는, 이스라엘은 알지 못하고, 나의 백성은 깨닫지 못하는구나."사 1:3

제 아버지는 목회하시던 교회에서 어려움을 당하신 적이 있었습니다. 은퇴하기 몇 년 전부터 교인들 중에는 아버지를 오해해서 비난했던 분들이 있었습니다. 철거민들이 정착한 곳에서 20년 이상 그들과 동고동락하면서 목회하셨던 아버지에게 그들의 오해는 가슴 아픈 일이었습니다. 그런 오해들이 쌓이면서 교회에 어려움이 생기자 일찍 은퇴하시기로 결정하신 것이지요. 한번은 아버지의 아픈 마음을 설교 중에 표현한 적이 있다고 저에게 말씀하신 것이 지금까지 기억에 남습니다.

내용인즉, 지금은 고인이 되신 제 큰아버지 한 분이 경북 영주의 장날이 되면 집에서 키우던 소가 끄는 수레를 타고 나갔다가 농산물을 판 후에는 술을 드시고 올 때가 많았다고 합니다. 그러던 어느 날 어떻게 그 수레에 올라타셨는지는 모르지만 술에 취해 잠들었다가 정신을 차리고 보니 소가 큰아버지를 태우고 영주에서 3, 40리 떨어진 집 앞마당까지 와 있었다고 합니다. 집에서 2, 3년 정도 키운 소인데 주인의 상태를 알아차리고 영주 시내의 교통법규를 다 지켜가면서 길을 잘 분별하여 벗어남이 없이 집 마당까지 온 것이었습니다. 2, 3년 같이 산 소도 이 정도인데 20년 이상 같은 교회에서 신앙생활하면서 보아온 담임목사의 마음을 이해하기는커녕 악의로 반응하는 교인들이 안타까워 빗대어 하신 말씀이었습니다.

이 예시는 이사야 선지자가 통찰력 있게 지적한 말씀과도 잘 연결됩니다. 예레미야는 소나 개보다 못한 모습으로 추락한 유다 백성들을 다음과 같이 표현했습니다. "그들은 나무를 보고 '나의 아버지'라고 하고, 돌을 보고 '나의 어머니'라고 하였다."렘 2:27 아버지와 어머니를 다른 사람들과 구별 못하는 자식은 소위 호래자식이 아니겠습니까?

잘 분별하는 마음은 하나님의 형상으로 지음 받은 인간이 은총으로 받은 선물입니다. 그러나 죄로 인하여 타락한 인간은 분별하는 능력에 문제가 생기고 말았습니다. 분별하지 못하고 잘못 연결하고, 연결하지 못하고 구별해 버리는 어리석은 자가 되고 말았습니다. 스스로 지혜롭다고 여기지만 실상은 어리석은 자가 된 것입니다. 그러나 예수 그리스도 안에서 구속되어 새로운 마음을 가진 사람은 영적으로 눈이 열리고 귀가 열려 제대로 분별하며 연결할 수 있게 되었습니다.

동화 속 환상을 탈출해 현실에 발 디디기

아기의 자아가 발달하면서 심리적으로 일어나는 중요한 기능은 연결하는 것, 통합하는 것, 구별하며 분별하는 것입니다. 엄마의 젖과 엄마를 연결 지어 해석하며 통합시키는 것은 아기가 엄마와 대상관계object relations를 형성하는 데 있어서 매우 중요한 기능입니다. 그리고 엄마와 아빠를 구별하고 엄마와 타인을 구별하는 것은 아기의 자아가 제대로 기능하고 있음을 말해 줍니다.

연결해야 할 때 연결하며 구별해야 할 때 구별하는 것은 심리적으로 건강하다는 증거입니다. 예를 들어, 인간이 정신병 상태에 들어가게 되면 현실과 비현실을 구별하기 어렵습니다. 외부에서 실제 일어난 것인지 내부 정신세계에서 일어난 것인지 구별이 되지 않으면 환시나 환청과 같은 환각 경험을 하게 됩니다. 환경에 대한 분별력이 떨어지면 모든 사람이 자신을 적대시하거나 험담하거나 또는 자신을 향해서 음모를 꾸미고 있다는 망상을 가질 수 있습니다.

정신분열증을 앓는 내담자들을 상담하면서 듣는 전형적인 이야기는 다음과 같습니다. 전철을 탔는데 전철에 탄 모든 사람들이 자기를 주목하여 본다고 합니다. 또는 길을 가는데 스쳐 지나가는 사람들이 자신을 향해서 욕을 한다며 고통을 호소합니다. 이런 사람은 분별력이 손상되었기 때문에 비현실적인 생각을 하게 되는 것입니다. 문제는 본인은 그것이 현실이라고 여기며 그렇게 믿는 데 있습니다. 그럴 때 본인 스스로도 엄청난 고통을 겪지만 주변의 사람까지 괴롭힐 수 있습니다.

구별하지 못하면 잘못 연결하는 증상도 아울러 나타납니다. 망상을 가진 사람들은 분별하지 못할 뿐 아니라 잘못 연결하여 해석하기 때문입니다. 뒤에서 따라오는 사람이 자신을 미행하는 것이라고 잘못 연결할 수 있습니다. 국정원에서 자신의 집전화나 휴대전화를 도청하고 있다고도 생각합니다. 이처럼 정신분열증을 앓는 사람들은 때로는 매우 창의적이라 할 만큼 연결을 짓지만 불행하게도 그것은 잘못된 연결입니다. 사소한 사건에까지 의미를 부여하며 세상에서 일어나는 일들을 모두 자신과 연결하고 해석하여 구별을 하지 못하는 것이 정신분열증의 특징입니다.

있는 그대로 받아들이는 여유_ 특히 신경증과 정신병의 중간에 있는 사람들경계성 성격장애은 어떤 대상과 관계를 맺을 때 두 가지 극단적인 패턴을 보입니다. 어떤 특정 대상을 지나치게 이상화 하거나 가치절하 하는 것입니다. 인간은 장점과 단점을 함께 갖고 있습니다. 때로는 장점이 단점이 될 수도 있으며 약한 부분을 갖고 있는 것이 인간입니다. 그러나 이 부류의 사람들은 심리적 발달이 어린아이 상태에 머물러 있어서 좋은 것과 나쁜 것이 분열되어 있습니다. 즉 좋은 것과 나쁜 것이 공존할 수 있다는 것을 보지 못합니다.

동화에는 이런 특성이 잘 나타납니다. 왕자나 공주는 100퍼센트 좋은 사람, 행복한 사람으로 묘사됩니다. 반면 마녀나 악한은 100퍼센트 나쁜 존재로 묘사됩니다. 예를 들면, 신데렐라는 완전히 착한 아이인 반면 계모와 계모의 딸들은 완전히 나쁜 사람들입니다. 그러나 현실은 그렇지 않습니다. 계모의 딸들도 나름대로 상처를 받았을 것입니다. 그들도 나름대로 착한 면이 있을 것입니다.

이처럼 동화의 세계는 아이들에게 선악을 분별하게 하는 데는 유익하지만 현실과는 차이가 있습니다. 선악을 분별하는 단계를 거쳐서 좀 더 심리적인 성숙이 일어나면 세상과 모든 사람의 마음에는 선과 악이 공존한다는 것을 깨닫게 됩니다. 이런 과정을 거치면서 현실을 수용할 수 있는 힘이 커집니다. 그래서 100퍼센트 이상적인 부모, 100퍼센트 이상적인 배우자는 존재하지 않는다는 것을 받아들이게 되고 동화와 같은 환상에서 깨어나 좀 더 현실적인 지혜를 갖게 됩니다.

좋은 점은 좋은 점대로, 약한 부분은 약한 부분대로 분별해서 보며 수용하는 사람은 정서적으로 성숙한 사람입니다. 상대방을 지나치게 이상화한 나머지 단점을 보지 못한다든지, 혹은 지나치게 가치절하한 나머지 그 사람 속에 있는 장점과 가능성을 보지 못하면 건강한 이웃 사랑을 실천하기가 매우 어렵습니다. 더구나 이상화와 가치절하라는 양극단의 잣대로 자기 자신을 본다면 감정의 기복이 매우 심해지고 정서적으로도 불안정해질 수밖에 없습니다. 그럴 경우 가족과 이웃에게도 피해를 줄 가능성이 많습니다.

교인들 중에는 심리적으로나 영적으로 미성숙해서 목회자를 이상화하여 목회자도 한 인간임을 현실적으로 받아들이지 못하는 이들이 있습니다. 이것은 이들의 분별력이 약하기 때문입니다. 목회자도 인간이기에 100퍼센트 완벽한 목회자는 이 땅에 존재하지 않습니다. 그럼에도 불구하고 이들은 목회자에게서 인간적인 모습을 발견할 때 쉽게 실망하며 분노하는 경향이 있습니다. 이럴 때 문제는 목회자가 아니라 미성숙한 자신에게 있는 것입니다. 더 큰 문제는, 자신에게 문제가 있다는 사실을 본인은 잘 모른다는 것입니다. 물론 여기서 목회자들 중에 성격적인 결함이 있다든가 기본 자질이 안 되어 있는 이들까지 문제없다는 식으로 말하는 것은 아닙니다.

하나님이 주신 지혜와 두뇌가 건강하게 발달하느냐 또는 건강하게 사용되느냐에 따라 그것은 양날을 가진 칼이 될 수 있습니다. 하나님이 창조하신 피조세계를 잘 분별하여 발견하면 새로운 학문의 영역이 개척됩니다. 그리고 새로운 지식이 발견되고 축적되며 인간의 삶을 유익하게 합니다. 그러나 도를 넘는 분별심은 기괴한 생각과 현실 파악 능력까지 떨어뜨리는 생각으로 이어질 수 있다는 사실을 인식할 필요가 있습니다. "여러분 한 사람 한 사람에게 말합니다. 여러분은 스스로 마땅히 생각해야 하는 것 이상으로 생각하지 말고, 하나님께서 각 사람에게 나누어 주신 믿음의 분량대로, 분수에 맞게 생각하십시오"롬 12:3 라는 말씀은 이같은 맥락에서 적절한 교훈이 됩니다. 그렇게 살기 위해서는 이 세대를 본받지 말고 날마다 우리의 사고를 새롭게 하여 마음의 변혁이 일어나도록 해야 합니다. 그런 삶을 살 때 균형 있는 분별심을 계속 유지할 수 있습니다.

5번의 흑과 백_ 분별심과 가장 깊은 관련이 있는 에니어그램의 유형은 5번입니다. 5번은 머리 중심의 특성을 지닌 유형입니다. 5번, 6번, 7번 모두 머리 중심 유형인데 그 중에서 5번은 과도할 정도로 머리를 많이 사용해서 '사상가'Thinker 또는 '학자' 형이라고도 불립니다.

건강한 5번의 특성을 들자면, 세상을 이해하고 해석하는 능력이 탁월하고 새로운 것을 발견하거나 발명하는 능력이 있다는 것입니다. 통찰력 있게 관찰하며 해석할 수 있을 뿐만 아니라 창의적이며 독창적인 아이디어가 있습니다. 그래서 과학자나 학자, 발명가가 되는 이들이 많습니다. 대표적인 예로 에디슨이나 빌 게이츠 같은 사람이 이 유형에 해당합니다.

에니어그램의 관점에서 볼 때 머리와 가슴, 그리고 행동과 실천을 상징하는 내장은 서로 연결되어야 분별심이 건강하게 유지될 수 있습니다. 냉철한 머리와 뜨거운 가슴이 서로 연결될 때 열정이 생깁니다. 머리와 내장이 연결될 때 사고만 하지 않고 의지를 갖고 이웃 사랑을 실천할 수 있습니다. 연결되지 않는 곳에는 분열과 해체가 일어나며 제대로 구별하는 분별력이 발휘되지 않습니다.

성령의 아홉 가지 열매 중에서 5번과 가장 관련성이 있는 열매를 택하라면 양선goodness을 들 수 있습니다. 양선이란 선한 것을 분별하여 선택할 수 있는 능력을 말하기 때문입니다.

"나는 이해해야 한다"

건강치 못한 5번의 경우에는 편집성과 기괴성을 나타냅니다. 지나치게 생각을 많이 해서 현실 감각 능력이 떨어지기도 하고 타인들과의 관계에서 후퇴하는 경우도 있습니다. 이것이 심해질 경우에는 정신분열증적 증상까지 드러냅니다.

제가 아는 한 직장 여성의 경우, 어릴 때 폭력적인 아버지로부터 엄청난 학대를 받고 자랐습니다. 겉으로 보기에는 매우 똑똑하고 지적인 여성으로 전형적인 5번 유형인 그녀는 아버지의 망상에 사로잡혀 제대로 된 사회 생활을 할 수 없었습니다. 상사든 직장 동료든 모두 자기를 감시한다는 생각 때문이었습니다. 다행히 좋은 상사의 소개로 그녀는 오랜 상담과 치유의 과정을 거치면서 회복되었는데 지금은 예전의 모습을 떠올릴 수 없을 만큼 변했습니다. 내면적으로도 많이 성숙했을 뿐만 아니라 전보다 활동적이고 사교적인 성격으로 바뀌었습니다. 직장에서도 예전보다 훨씬 생기 있게 일하고 상상력도 풍부해졌습니다. 그녀는 머리와 가슴과 신체가 건강하게 회복된 좋은 본보기입니다.

5번의 약점은 관찰하고 분별하는 선에서 그칠 수 있다는 점입니다. 분별과 지식은 구체적인 행위와 실천으로 이어져야 합니다. 그래서 8번의 장점을 잘 보완한다면 훨씬 더 성숙할 수 있습니다. 모든 것을 다 알아야만 행동하는 것은 아닙니다. 부족하지만 이미 갖고 있는 지혜와 지식을 갖고 뛰어들어 모험하면서 다른 사람들을 돕는 리더십을 발휘해야 합니다. 5번은 사고 속에 머무르며 개인 세계에 안주하는 한계를 극복할 필요가 있습니다. 그래야 구체적으로 실천하며 이웃 사랑을 실행하는 사람이 될 수 있습니다.

구약의 선지자들은 좋은 본보기가 됩니다. 그들은 시대를 분별하는 혜안을 갖고 있었습니다. 그리고 하나님의 마음을 깨닫고 느끼는 통찰력이 있었습니다. 더 나아가 그들이 하나님으로부터 받은 계시의 내용을 기반으로 죽음을 두려워하지 않고 소신 있게 외치는 행동을 실천한 리더들이었습니다.

5번이 4번의 날개를 활용하면 사물이나 상황, 감정의 뒷면까지 통찰할 수 있는 깊은 사고를 할 수 있습니다. 그저 객관적인 지식에서 그치는 것이 아니라 보이지 않는 면까지 통찰할 수 있게 되는 것입니다. 또한 6번의 날개를 활용하여 좀 더 사람들과의 관계 속으로 들어갈 필요가 있습니다. 5번은 자칫하면 자신만의 사고와 세계에 갇힐 위험이 있기 때문에 이를 예방하기 위해서는 인간관계 속으로 적극적으로 들어가 좀 더 넓은 시야와 마음을 배워야 합니다.

5번이 스트레스를 받거나 장애물을 만나면 7번의 약점을 드러냅니다. 편집적이고 기괴한 사고를 하게 되면서 점차적으로 과잉행동을 하게 되는데 비합리적이 되거나 판단력이 떨어져 자신에게 손해가 되는 행동을 할 수 있습니다. 그 때문에 무엇인가 새로운 것을 배우거나 통합할 수 있는 능력은 물론 분별력도 떨어지게 됩니다.

예수님의 비유에 나오는 탕자는 좋은 예가 됩니다. 그는 아들로서 품어야 할 생각 이상을 했습니다. 아버지가 돌아가시지도 않았는데 그는 아버지에게 자기 몫의 유산을 나누어 줄 것을 요구하였습니다. 지나친 생각을 행동으로 옮긴 것입니다. 이어서 그가 취한 행동은 7번 '제너럴리스트'가 건강하지 않을 때 나타내는 쾌락주의적 행동이었습니다. 그는 유산으로 받은 재물을 가지고 먼 나라로 떠나 허랑방탕하게 다 허비하는 자기 파괴적인 행동을 했습니다.

그런 그가 아버지께로 돌아올 수 있었던 것은 자신에게 남아 있는 사고 기능을 활용하여 구체적인 행동으로 옮긴 데 있었습니다. "그제서야 그는 제정신이 들어서 이렇게 말하였다. '내 아버지의 그 많은 품꾼들에게는 먹을 것이 남아도는데, 나는 여기에서 굶어 죽는구나. … 그는 일어나서 아버지에게로 갔다."눅 15:17-20 이때 그는 다행스럽게도 성숙의 방향인 8번으로 나아가 행동했습니다. 생각만 하고 행동으로 옮기지 못했다면 아버지와의 감격적인 해후와 화해의 장면은 이루어질 수 없었을 것입니다.

확인하고 이해해야 했던 도마

외부현실을 실제적으로 확인하고 논리적으로 설명이 되어야 믿음으로 받아들이는 합리주의와 분석주의를 가진 도마는 "내가 그 손의 못 자국을 보며 내 손가락을 그 못 자국에 넣으며 내 손을 그 옆구리에 넣어보지 않고는 믿지 아니하겠노라"고 말한 제자였습니다.

도마는 직관적으로 부활을 믿는 스타일이 아니라 자신의 감각기관을 통해 확인해야 인식되는 냉철한 이성의 소유자였습니다. 다른 제자들이 모두 믿는다고 해서 그러한 분위기에 편승하는 것이 아니라 자기 의견을 솔직하게 이야기하는 소신파였습니다.

－이관직 『성경인물과 심리분석』 중에서

🌱 건강한 분별심 만들기 프로젝트

날마다 마음의 청소를 하라_ 예수님은 마음이 청결한 자가 하나님을 볼 수 있다고 말씀하셨습니다.마 5:8 마음이 청결한 자는 날마다 마음을 새롭게 하는 사람입니다. 그러기 위해서는 말씀으로 마음을 비추어 보는 것이 좋습니다. 말씀을 거울로 삼는 사람은 마음에 긍정적인 변화가 일어나며 내면적으로 치유된 사람입니다. 이런 사람은 욕심을 내려놓습니다. 마음의 창이 점점 깨끗해져서 하나님의 뜻이 무엇인지 좀 더 선명하게 분별할 수 있는 능력을 갖게 됩니다. 반면 욕심을 가진 채 하나님의 말씀을 읽으면 자기중심적으로 왜곡하여 해석하고 적용하는 어리석음을 범할 수 있습니다.

사람을 차별하지 말라_ 일반 사람들은 외모를 보고 구별하며 분별하는 경향이 있습니다. 특히 외모지상주의가 성행하는 현대사회에서는 외모가 좋으면 좋은 사람, 능력 있는 사람으로 보고 외모가 신통치 않으면 무능력한 사람, 매력이 없는 사람으로 구별합니다. 이것은 지혜가 아닙니다. 분별심이 잘못 되면 차별이 될 수 있습니다. 근대 미국교회사에서도 이런 일이 있었습니다. 하나님의 뜻을 분별하지 못해 백인과 흑인을 구별하고 흑인을 차별하였습니다. 남성과 여성을 지나치게 구별하다가 여성을 차별하였습니다. 주인과 노예를 구별해서 노예를 차별대우하였습니다. 심지어 노예제도의 철폐를 일부 교회와 목사들과 신자들이 반대하는 잘못을 저지르기까지 했습니다.

오래 생각하는 것을 그치고 행동하라_ 믿음이란 올바른 분별심과 가치관, 그리고 올바른 사고와 밀접한 관계가 있습니다. 그러나 가슴과 연결되지 않는 믿음은 교리적인 선언으로 끝날 수 있습니다. 내장과 연결되지 않는 믿음은 실천 없는 관념으로 전락할 수 있습니다.

야고보 사도는 이를 다음과 같이 잘 지적합니다. "나의 형제자매 여러분, 사람이 믿음이 있다고 말하면서도 행함이 없으면 무슨 소용이 있겠습니까? 그런 믿음이 그를 구원할 수 있겠습니까?"약 2:14 이어서 그는 형제나 자매가 헐벗고 일용할 양식이 없는데 말로만 "평안히 가라, 더웁게 하라, 배부르게 하라"고 하면서 실제적인 도움을 주지 않는다면 무슨 소용이 있느냐고 질문합니다. 그리고 행함이 없는 믿음은 그 자체가 죽은 것이라고 선언합니다.약 2:15-17

분별심이 있고 정통적인 신앙을 갖고 있지만 실천적인 면에서는 삶과 연결되지 않는 성도들이 많이 있습니다. 누군가를 도와야 할 때, 좋은 아이디어가 있을 때, 좋은 기회가 찾아 왔을 때 아직 준비가 덜 되었다거나 더 기도해 보겠다는 생각으로 미루지 마십시오. 행동으로 믿음을 표현하는 자세가 필요합니다.

일기를 써라_ 자신의 내면을 살피며 동기를 분별하며 인식하기란 참으로 어려운 일입니다. 외부 현실을 분별하며 다른 사람들의 약점을 인식하기는 쉽지만 막상 자신을 분별하기란 어렵습니다. 그래서 자신의 눈 속에 있는 들보를 먼저 분별하고 빼내는 작업이 필요합니다. 자신이 소경이 되면 소경 된 자를 인도할 수 없습니다. 자신을 살피기 위한 좋은 방법으로는 일기 쓰기가 있습니다. 하루를 마감하면서 자신의 삶과 생각을 정리한다면 자신을 좀 더 객관적으로 바라볼 수 있게 될 것입니다.

인간을 아름답게 하는 힘, 미덕

분별심을 가진 당신을 위한 격려

예수님께서는 바리새인들과 사두개인들이 천기는 분별할 줄 알면서 시대의 표적은 분별하지 못한다고 지적하셨습니다.마 16:3 참조 세상적인 지혜에는 분별력이 있으면서 영적인 분별력이 없어진 그들처럼 성도가 영적 분별력을 상실하면 맛 잃은 소금이 되어 사람들의 발에 밟히게 됩니다. 발람 선지자는 탐심 때문에 영적 분별력이 점점 사라졌고 나중에는 자신의 앞에 칼을 빼들고 있는 하나님의 사자조차 알아보지 못했습니다.

회사 생활을 할 때도 무엇을 어떻게 분별해야 하는지 아는 것이 중요합니다. 먼저 생각을 조금만 줄이고 생각하는 에너지를 행동하는 데에 쓰십시오. 어떠한 계획을 추진할 때 현재보다 두 배 정도 더 빨리 행동해도 괜찮습니다.

둘째, 당신의 생각과 아이디어를 가급적 다른 사람들과 나누십시오. 당신은 자신이 갖고 있는 생각이나 아이디어를 공유하는 데 인색한 편입니다. 함께 성장하고 싶다면 동료들과 지속적으로 아이디어를 나누는 기회를 자주 갖는 것도 좋은 방법입니다. 그리고 대화도 많이 하십시오. 지금보다 몇 배 정도 대화량을 늘려도 괜찮습니다.

6
믿음직스러운 헌신, 충성심

충성할 수 있는 것은 우리의 특권입니다.

loyalty

충성심을 가진 사람들의 특징

□ 좋을 때나 나쁠 때나 변함없이 다른 사람들을 도울 수 있다.

□ 책임감이 강하다.

□ 걱정이 많다.

□ 칭찬하거나 달래면서 조종하려 드는 사람을 금방 알아볼 수 있다.

□ 무엇인가 잘못된 것은 없는지 항상 자문한다.

□ 유머감각이 뛰어나다.

□ 회사와 사람들에게 충실하다.

□ 문제를 예견한다.

□ 모호함을 좋아하지 않는다.

□ 지나치게 순종적이거나 반항적이다.

□ 자기 희생적이다.

□ 마음만 먹으면 분골쇄신하여 일할 수 있다.

＊ 이들의 주요관심사

내가 믿을 수 있는 사람은 누구인가?

그리고 몸은 죽일지라도 영혼은 죽이지 못하는 자를 두려워하지 말고,

영혼도 몸도 둘 다 지옥에 던져서 멸망시킬 수 있는 분을 두려워하여라.

참새 두 마리가 한 냥에 팔리지 않느냐?

그러나 그 가운데 하나라도 너희 아버지께서 허락하지 않으시면,

땅에 떨어지지 않을 것이다.

아버지께서는 너희의 머리카락까지도 다 세어 놓고 계신다.

그러니 두려워하지 말아라.

너희는 많은 참새보다 더 귀하다.

누구든지 사람들 앞에서 나를 시인하면,

나도 하늘에 계신 내 아버지 앞에서 그 사람을 시인할 것이다.

그러나 누구든지 사람들 앞에서 나를 부인하면,

나도 하늘에 계신 내 아버지 앞에서 그 사람을 부인할 것이다.

마태복음 10장 28-33절, 표준새번역

한자어

충성忠誠은 '마음의 중심에서 말대로 실천하는 것' 으로 해석됩니다. 구약에 자주 나오는 '전심으로' 라는 표현은 하나님을 향해서 온 마음으로 헌신하며 사랑하는 것을 표현할 때 사용됩니다.

군대에서는 '충성' 또는 '단결' 과 같은 구령과 함께 경례를 하곤 합니다. 이것은 나라와 상관에 대한 충성심의 표현으로 군대라는 조직체의 단결을 위한 것입니다. 미국의 경우는 시민권을 받는 사람들에게 국가에 대한 충성을 맹세시킵니다. 그렇다면 하나님 나라의 시민권을 갖고 살아가는 크리스천이 삼위 하나님께 충성을 다하는 것은 매우 당연한 일입니다. 이처럼 충성심은 국가와의 관계에서 뿐만 아니라 하나님과의 관계와 대인관계에서도 중요한 미덕임에 틀림없습니다.

충성과 반대되는 것이 배신과 배반입니다. 배신하는 사람은 믿을 수 없습니다. 배신이 반복되는 가정이나 공동체에서는 불신이 많아져서 구성원들이 정신적으로 건강하기 힘듭니다.

충성심과 밀접한 관계가 있는 것이 바로 헌신과 언약입니다. 충성심은 보통 일방적인 경우가 많은데 반해, 헌신과 언약은 상호적입니다. 부부는 서로에 대한 헌신과 언약을 토대로 가정을 이룹니다. 남편과 아내가 서로에 대한 충성을 지킬 때 그 가정은 안전safety과 안정security을 유지할 수 있습니다. 그래서 충성을 지킨다는 것은 서로에 대해 헌신하며 끝까지 그 충절과 언약을 지키겠다는 것을 의미합니다.

충성심은 특히 왕이 다스리는 정치체제에서 제일 중요한 미덕입니다. 고려의 마지막 충신으로 알려진 정몽주의 〈단심가丹心歌〉는 충성심을 드러내는 대표적인 시입니다. 반면 그를 회유했던 이방원의 〈하여가何如歌〉는 시류에 흔들리는 배신과 현실주의를 잘 나타내며 충성심과 대조를 이룹니다. 조선시대의 사육신들은 단종에 대한 충성심을 지키기 위해 죽음까지 불사했습니다. 유교의 오륜 중 하나인 군신유의君臣有義 사상 또한 충성심과 밀접한 관련이 있습니다. 여기서 '의'는 의리와 충성심을 의미합니다.

충성심을 대표하는 동물로는 개가 있습니다. 개는 본능적으로 주인에 대한 애착심과 서열의식이 강합니다. 가장 힘있는 사람에게 절대적인 충성심을 보이는 것이 특징입니다. 애완견을 키워 보면 집안에서 자신을 가장 사랑해 주고 힘이 있다고 여겨지는 가족에게 가장 많은 충성

인간을 아름답게 하는 힘, 미덕

심과 애정을 보이는 것을 관찰할 수 있습니다. 몇 년 전에 한 수도원에 갔을 때 그곳에서 기르는 개를 본 적이 있습니다. 밤이 깊은 시각에도 자지 않고 사무실 앞에 앉아서 불침번을 서는 것을 보면서 개의 충성심에 감탄했던 기억이 있습니다.

일관된 태도와 충성스러운 사랑

십계명의 제 1계명과 2계명은 하나님에 대한 충성심을 요구하며 확인하는 계명입니다. 인간은 하나님을 향해 충성할 때 가장 인간다움을 경험할 수 있기 때문에 하나님은 우리에게 이 계명을 주셨습니다. 그러나 우리는 구약의 역사를 통해 이 계명이 제대로 지켜지지 못했음을 알 수 있습니다.

가나안에 정착한 후 여호수아는 자신의 죽음을 앞두고 이스라엘 백성들에게 하나님께 충성을 맹세하도록 했습니다. "여러분은 이제 주를 경외하면서, 그를 성실하고 진실하게 섬기시오. 그리고 여러분은, 여러분의 조상이 강 저쪽의 메소포타미아와 이집트에서 섬기던 신들을 버리고, 오직 주만 섬기시오. … 여러분이 어떤 신들을 섬길 것인지를 오늘 선택하시오. 나와 나의 집안은 주를 섬길 것이오." 수 24:14-15 이에 백성들은 다른 신은 절대 섬기지 않겠다고 맹세했지만 사사기로 넘어 오면서 다음 세대는 그 맹세를 지키지 않았습니다.

이스라엘은 하나님께 충성을 맹세한 후에도 반복적으로 우상숭배를 하며 배반하는 삶을 살았습니다. 예레미야는 이 죄악을 '패역'이라는 단어로 표현합니다.렘 2:19, 3:22, 14:7, 15:6 참조 이런 모습은 죄와 중독의 역동성을 잘 표현합니다. 베드로는 "'개는 자기가 토한 것을 도로 먹는다' 그리고 '돼지는 몸을 씻고 나서 다시 진탕에 뒹군다'는 속담이 그들에게 그대로 들어맞았습니다"벧후 2:22라고 통찰력 있게 지적합니다.

예레미야는 우상숭배와 사회적 불의로 가득한 예루살렘과 유다가 멸망하는 것을 보면서 하나님만 참 하나님이시고 살아계신 하나님이시며, 영원한 하나님이심을 고백했습니다.렘 10:10 이스라엘은 하나님과 결혼하여 언약을 맺은 백성이므로 하나님께만 예배하며 정절을 지켜야 하는 신부였지만, 그들은 더러운 창녀가 되기를 자청했습니다. 하나님은 그들을 성욕에 동한 젊은 암약대와 들암나귀에 비유하시며 그들의 행음과 부정에 대해 다음과 같이 지적하셨습니다. "너는 너의 발을 돌보아 맨발로 다니지 말고, 너의 목을 돌보아 목타게 다니지 말라고 일렀건만, 너는 말하기를 '아닙니다. 공연한 말씀이십니다. 오히려 나는 이방 신들이 좋으니 그들을 쫓아다녀야 하겠습니다' 하였다."렘 2:25

충성심이 사라진 유다 백성들은 창녀처럼 수치를 알지 못하는 자가 되었습니다. 하나님은 그들을 향하여 아내가 남편을 속이고 떠난 것과 같은 배신감을 느끼셨습니다. 충성스러웠던 예루살렘의 배신을 이사야는 다음과 같이 표현합니다. "그 신실하던 성읍이 어찌하여 창녀가 되었습니까? 그 안에 정의가 충만하고 공의가 가득하더니, 이제는 살인자들이 판을 칩니다. 네가 만든 은은 불순물의 찌꺼기뿐이고, 네가 만든 가장 좋은 포도주에는 물이 섞여 있구나."_{사 1:21-22}

서로에 대한 아름다운 헌신_ 충성심과 반대되는 마음의 특징은 강퍅하고 반역적이며 반항적인 것입니다. 시편 78편 8절은 이런 역동성을 시적으로 잘 표현하고 있습니다. "조상처럼 반역하며 고집만 부리는 세대가 되지 말며, 올바른 마음을 가지지 못하는 세대, 하나님을 믿지 아니하는 세대가 되지 말라고 하셨다." 이 표현에서 고집스럽다는 것은 돌같이 단단하고 수용할 줄 모르는 마음을 뜻합니다.

고집스러워지면 그동안 가졌던 하나님에 대한 충성스러운 마음이 섭섭함과 분노, 공격적인 마음으로 바뀌게 됩니다. 그래서 반발심과 반항심을 갖게 되고 반역하고 싶은 마음이 생기는 것입니다. 이같은 마음은 외도하는 사람들의 심리에서 잘 드러납니다. 배우자에 대한 충성과 정절을 지키지 않고 다른 대상에게 마음을 쏟게 되면 배우자의 고통에 공감하는 능력이 없어집니다. 그리고 자기중심적 사고와 자신의 쾌락만을 추구하는 상태로 바뀌는 것입니다.

충성심은 믿음과 연결됩니다. 하나님을 믿는 믿음이 있으면 어떤 환경 속에서도 하나님을 향한 마음이 변하지 않습니다. 바울은 능력 주시는 예수 그리스도 안에서 어떤 환경에 처하든지 자족하는 비결을 배웠다고 자신 있게 고백합니다. 그는 자신의 달려갈 길을 마칠 때까지 믿음을 지키며 충성을 다한 신실한 종이었습니다.

이러한 충성심은 자신이 누구인지를 명확히 아는 정체성에서 생겨 납니다. 자신이 누구에게 소속된 자인지를 분명히 깨닫게 되면 그 대상 을 위해 충성하게 됩니다. 자신을 영원한 멸망과 사망에서 구원하신 분 이 예수 그리스도인 것을 확신할 때 목숨을 다해 그에게 충성할 수 있습 니다. 바울 사도는 "여러분이 그리스도를 믿을 뿐만 아니라 그를 위해서 고난도 받는 것은, 그리스도를 위해서 여러분이 받는 특권입니다"빌 1:29 라고 말했습니다.

우리만 하나님께 충성심을 가지는 것이 아닙니다. 하나님께서도 우리를 일관된 태도로 대하며 충성스럽게 사랑하십니다. 신학적으로 이 것은 '성도의 견인' 교리와 연결됩니다. 고린도전서 13장 7절 끝부분에 서 사랑은 항상 견디는 것이라고 했는데, 하나님은 사랑하는 자녀들을 끝까지 견디고 구원해 주시는 분입니다.

'그리 아니하실지라도'의 충성심

충성심을 이해할 때 심리학적으로 가장 적합한 용어는 '대상항상 성' object constancy입니다. 이것은 충성하는 대상에 대한 좋은 이미지와 나쁜 이미지가 한 대상 안에 통합되어 있음을 이해하고, 안정된 관계를 유지 하는 것을 의미합니다. 충성하는 대상이 완벽한 존재가 아니기 때문에 그 대상과 지속적이며 일관성 있는 관계를 유지하기 위해서는 어느 정도

인간을 아름답게 하는 힘, 미덕

성숙한 인격이 발달되어야 합니다.

하나님은 완벽하신 분이지만 우리는 때로 하나님을 나쁜 대상처럼 느끼거나 경험할 수 있습니다. 하나님이 거절하시는 것같이 느껴질 때, 아무런 응답조차 하지 않으시며 무관심한 것처럼 느껴질 때, 심지어 고통을 주시는 분처럼 느껴질 때가 그렇습니다. 그러나 이러한 하나님의 모습을 좋은 하나님 아버지의 모습과 통합시켜 수용할 때 우리는 좀 더 성숙한 신앙의 단계로 나아가게 됩니다. 그래서 '그리 아니하실지라도'의 충성심으로 하나님과 좋은 대상관계를 유지할 수 있습니다.

충성스러운 부모의 돌봄을 경험한 사람들은 건강하게 충성할 수 있습니다. 자신이 경험하지 못한 것을 실천하기란 매우 어렵습니다. 어떤 상황에서도 흔들리지 않고 지속적인 사랑과 관심을 보이며 약속을 신실하게 지키는 부모 밑에서 자란 자녀들은 충성심의 자질을 가지고 성장합니다. 그러므로 부모는 자신에 대한 충성과 존경을 요구하기 전에 자녀들에게 충성된 삶의 모습을 보여 주어야 합니다. 그럴 때 자녀들은 자발적으로 부모에게 충성하고 존경을 가질 것입니다.

역기능 가정에서 자란 이들은 이단 공동체에 빠질 위험이 높습니다. 자존감이 낮고 제대로 된 양육을 받지 못했기 때문에 처음에는 가족처럼 따뜻하게 그들을 품어 주는 이단 공동체에 마음이 끌립니다. 그래서 그 공동체에 충성을 다하게 되는 것입니다. 교주의 가르침과 요구에 헌신하고 심지어 가정까지 포기하며 충성하지만 훗날 잘못된 것을 깨닫고 돌이키려고 할 때에는 관계중독현상으로 쉽게 빠져 나오지 못합니다.

6번의 흑과 백_ 에니어그램의 6번 '로얄리스트' 형은 주변 사람들과 특히 자신을 믿고 따르는 사람에게 충성하는 사람들입니다. 건강한 6번은 권위자들의 권위를 인정하고 거기에 순종하며 맡겨진 일을 믿음직스럽게 감당합니다. 이들은 자신과 타인들을 신뢰할 뿐만 아니라 협력적이어서 사람들에게 호감을 주고 책임감이 강합니다.

오늘날 가정과 교회, 사회와 국가에는 건강한 6번이 참으로 필요합니다. 정치에 뛰어든 사람들 중에서 건강한 로얄리스트를 찾기란 매우 어렵습니다. 개인의 사리사욕과 시류에 따라 자신이 몸담았던 당을 헌신짝 버리듯이 버리는 사람들이 많습니다. 보좌관으로 섬겼던 사람이 자신의 주인을 배신하고 모함하면서도 별로 수치심을 느끼지 못하는 것을 보면서 건강한 6번이 귀한 시대임을 절감하게 됩니다.

충성을 각오한 성도들이 극복해야 할 것은 두려움입니다. 6번 유형인 베드로는 "모두가 주님을 버릴지라도, 나는 절대로 버리지 않겠습니다"마 26:33 라고 예수님께 충성을 맹세했지만 생명의 위협을 느끼는 상황에 처하자 두려움에 휩싸여 예수님을 세 번이나 부인하고 말았습니다.

죽음의 두려움을 극복한 사람은 끝까지 충성할 수 있습니다. 성도들은 죽음을 두려워할 필요가 없습니다. 어떤 형태의 죽음으로 삶이 끝나더라도 죽음 저편에 영원한 하나님 나라에서 영생을 누릴 것이라는 확신이 있기 때문입니다. 공포증, 공황장애, 범불안장애, 강박증, 외상후 스트레스 장애를 통틀어 불안장애라고 하는데 불안장애를 가진 사람들

인간을 아름답게 하는 힘, 미덕

은 공통적으로 두려움의 이슈를 갖고 있습니다. 특정한 대상이나 사건을 두려워하거나 막연히 밀려드는 두려움으로 고통을 겪는 이들의 마음 밑바닥에는 죽음에 대한 공포가 자리 잡고 있습니다.

성도들 중에도 불안장애로 고통을 겪는 이들이 적지 않습니다. 불안장애를 갖게 되면 신앙적으로 하나님께 끝까지 충성하기 어렵습니다. 불안하거나 두려운 상황을 회피하기 위하여 하나님을 모른다고 부인할 수 있기 때문입니다. 이처럼 심리적인 건강은 영적인 건강과 밀접한 관계가 있습니다.

"나는 안전해야 한다"

건강치 못한 6번이 사용하는 방어기제는 억압입니다. 이들은 갈등을 인식하지 않으려 하거나 분노를 억압함으로써 현재의 관계를 유지하려고 합니다. 그리고 권위자나 충성 대상자에게 거절이나 소외당하는 것을 두려워합니다. 심할 경우에는 더 이상 충성할 필요가 없는데도 충성하려 드는 경우도 있습니다. 이들은 가정에서 자신을 폭행하는 가해자에 대해 경계선을 명확하게 긋지 못합니다. 폭행이 반복되어도 자신이 취할 행동과 입장에 대해 분명한 목소리를 내지 못합니다. 대신 폭력을 용인하면서 관계를 유지하려는 태도를 취합니다.

그래서 건강치 못한 6번은 두려움의 동기에서 충성을 다짐하기도

합니다. 조직폭력배가 보여 주는 의리와 충성심은 겉으로는 멋있게 보이지만 그 속에는 불복종할 때 따라오는 보복에 대한 두려움이 있습니다. 이들은 자신의 생각에 따라 행동할 수 있는 자기 개별화가 제대로 이루어지지 못한 사람들입니다. 따라서 때로는 자신이 충성하는 대상에 대한 분노를, 시키는 일에 대해서 꾸물대거나 불성실하게 처리하는 수동적인 공격의 형태로 표출합니다.

6번이 성숙하려면 9번의 장점인 내적 평안을 추구할 필요가 있습니다. 6번의 밑바닥에 흐르는 핵심 감정은 두려움입니다. 그래서 힘 있는 사람에게 충성해서 인정받아 안전감을 누리고 싶어합니다. 반면 건강한 9번은 어떠한 상황에서든 내적인 평안을 갖고 있습니다. 나보다 힘 있는 사람에게 의존함으로써 얻어지는 안전감이 아니라 그런 사람이 다 내 곁을 떠나가고 혼자 있어도 평안함을 유지할 수 있다면 6번은 건강한 충성심을 발휘할 수 있습니다.

6번이 위기에 처하거나 스트레스를 받으면 3번 '성취자' 형이 갖는 어두운 면을 드러내게 됩니다. 공격성을 억압하며 쌓았던 분노를 외부로 표현하기 시작하고, 열등의식을 극복하기 위하여 다른 사람들을 공격하며 파괴적이 될 수 있습니다. 피해자가 가해자로 바뀔 수 있다는 역동성이 여기에 깔려 있습니다. 그래서 한때 충성했던 사람을 배신하고 보복하는 행동을 취하기까지 합니다.

7번 '제너럴리스트'의 날개를 가진 6번은 충성 대상자를 향해서 넓은 시각을 가질 필요가 있습니다. 권위자를 이상화 하는 대신 장점과 한계점을 동시에 볼 수 있는 시각을 가져야 합니다. 자신이 따르는 권위자보다 더 훌륭한 권위자도 있을 수 있다는 시각을 갖고 대한다면 무조건적인 순종이나 굴종은 하지 않게 될 것입니다.

또한 5번 '사상가' 형의 날개를 활용하여 자기 스스로 생각하려고 노력하는 자세가 필요합니다. 권위자의 생각에 무조건 따르기보다는 좀 더 독립적인 사고와 창의적인 생각을 할 때 권위자에게 적절한 반응을 할 수 있을 뿐만 아니라 권위자가 잘못된 길로 갈 때에는 올바른 조언을 할 수 있기 때문입니다. 무조건 "예" 하는 사람이 아니라 때로는 충언과 직언을 할 수 있는 6번이 될 때 건강한 로얄리스트로서 삶을 살 수 있습니다.

회복된 로얄리스트, 베드로

6번 로얄리스트로서 베드로가 갖고 있던 기본적인 욕구는 '안정 감' 이었습니다. 그러나 예수님을 처음 만났을 때 베드로는 용감하게 자신의 가정과 직업을 모두 포기했습니다.

물론 그는 예수님의 수제자로서 예수님에 대한 나름대로의 기대감을 갖고 있었습니다. 그래서 예수님이 십자가에 달려 죽으셔야 한다는 이야기를 들었을 때 "주여 그리 마옵소서 이 일이 결코 주에게 미치지 아니하리이다"라고 반응하였는지도 모릅니다. 결국 베드로는 6번 유형이 갖고 있는 약점인 두려움을 극복하기 위해 부단히 노력했지만 부활 사건 이전까지는 끝내 극복하지 못한 채 예수님을 부인하고 말았습니다.

하지만 오순절 성령 강림 사건 이후 그는 예수님의 수제자로서, 마침내 치유된 로얄리스트로서의 삶을 살아갔고 초대교회의 지도자로서 손색이 없는 리더십을 발휘했습니다.

—이관직 「성경인물과 심리분석」 중에서

🐌 건강한 충성심 만들기 프로젝트

소속감을 가지라_ 예수님은 하나님의 아들이라는 정체성을 분명히 갖고 있었고 자신이 '아버지께로부터 온 자'라는 인식을 갖고 있었습니다. "그것은, 내가 내 뜻을 이루려고 해서가 아니라 나를 보내신 분의 뜻을 이루려고 하늘로부터 내려왔기 때문이다"요 6:38 라고 말씀하신 것은 그분의 소속감에서 나온 충성심을 잘 표현합니다.

크리스천은 예수 그리스도에게 소속된 사람들이며 예수님의 제자들입니다. 우리는 예수님의 피값으로 구속되었으며, 그의 소유된 백성입니다. 자신의 생명을 버려 우리를 구원해 주신 분께 우리의 생명을 바쳐 충성하는 것이 당연합니다. 또한 충성할 수 있는 것은 우리의 특권입니다.

이익을 따라 충성하지 말라_ 충성의 결과로 생길 이익을 염두에 둔 충성은 진정한 충성이 아닙니다. 예수님을 따랐던 제자들조차 나름대로의 이익을 염두에 두었음을 야고보와 요한의 모습에서 볼 수 있습니다. 그들은 죽음을 앞둔 예수님을 이해하지 못한 채 예수님의 좌우편에 앉게 해 달라고 청했습니다. 나머지 제자들도 직접 예수님께 표현하지는 않았지만 그들이 두 형제에 대해서 분노한 것에서, 예수님을 따랐을 때 오는 이익을 염두에 두고 있었음을 엿볼 수 있습니다. 예수님은 놀랍게도 자신을 버린 제자들을 다시 찾아가셔서 그들에게 사명을 주시고 회복시키셨습니다. 다른 사람과의 관계에서도 대가를 바라지 않고 끝까지 사랑하셨던 예수님처럼 사람에 대해서도 신의를 지키십시오.

재물에 대한 가치관을 바로 세우라_ 예수님은 아무도 두 명의 주인을 섬기지 못한다고 말씀하셨습니다. 한 쪽을 미워하면 다른 한 쪽을 사랑하게 되고, 한 쪽을 소중하게 생각하면 다른 한 쪽을 업신여기게 되는 것이 인지상정임을 알고 계셨기 때문입니다. 그래서 하나님과 재물을 함께 섬길 수 없다고 말씀하시며, 충성심은 나누어진 마음에서는 나올 수 없음을 지적하셨습니다.마 6:24 탐욕이 있는 마음에는 충성심이 자랄 수 없습니다. 돈 자체가 죄는 아니지만 돈을 사랑하는 것은 죄입니다. 정직하게 돈을 벌되 청지기의 마음으로 재물을 다스릴 수 있는 지혜를 구하십시오. 특히 세상과 하나님과의 관계에서 충성심을 표현할 때 두 곳에 다 충성할 수 없다는 사실을 명심해야 합니다.

인간을 아름답게 하는 힘, 미덕

눈에 보이는 것을 좇지 말라_ 씨 뿌리는 비유를 보면 돌밭과 가시떨기 밭에 뿌려진 씨는 환난이나 핍박이 일어날 때에 더 이상 자라지 못합니다. 그리고 세상의 염려와 재리의 유혹에 빠져 충성스러운 열매를 맺을 수 없습니다. 보이는 현상을 좇거나 물질의 축적과 육체적인 쾌락을 추구하는 신앙인은 충성심을 가질 수 없고 결실할 수 없습니다. 이들을 향하여 예수님은 '악하고 게으른 종'이라 심판하시고 '무익한 종'이라 칭하며 바깥 어두운 데로 내쫓으실 것입니다.

충성의 가면을 쓰고 있는지 확인하라_ 말세에 나타나는 현상 중의 하나는 경건의 모양은 있지만 경건의 능력은 부인하는 자들이 많아지는 것입니다. 이들은 쾌락 사랑하기를 하나님 사랑하는 것보다 더하는 자들입니다. 문제는 이런 식으로 충성하는 이들은 자신이 충성하고 있다고 착각할 가능성이 높습니다. 자신을 객관적으로 평가하지 못하기에 스스로 매우 열심이 있고 충성스러운 자로 여길 수 있습니다. 그러나 실제로는 교회 공동체에 고통을 주며 이웃에게 상처를 주고 하나님의 영광을 가리는 사람들입니다.

하나님께 충성하는 것이 가장 우선이다_ "가이사의 것은 가이사에게"
이 말씀은 정치와 교회의 분리를 주장하는 이들이 오용하는 말씀입니다. 가이사에게 세금을 바쳐야 할지 말아야 할지 묻는 바리새인들의
질문에 예수님이 지혜롭게 답변하신 말씀입니다.

로마서 13장에 국가의 권위에 대해서 순복하라는 말씀이 있습니다. 하지만 가이사에 대한 충성이나 국가의 권위에 대한 충성은 상대적인 것인 반면, 하나님에 대한 충성은 절대적인 것입니다.

가이사로 대표되는 국가 권력은 하나님의 뜻으로부터 멀어질 수 있고 심지어 반反기독교적이 될 수도 있습니다. 이럴 때 크리스천은 무조건적인 충성으로 반응해서는 안 됩니다. 하나님 나라의 백성으로서 하나님의 뜻이 하늘에서 이루어지는 것같이 이 땅에서도 이루어질 수 있도록, 하나님의 뜻에 순종하며 행동하는 충성심을 가져야 합니다.

충성심을 가진 당신을 위한 격려

다원주의가 지배하는 오늘날의 사회 속에서 하나님만 섬기는 자들의 충성심은 조롱거리가 됩니다. 여러 신들을 포용하고 섬기는 것이 더 종교적이며 근사한 것처럼 보이기도 하니까요. 그러나 당신은 이런 사회와 문화 속에서 하나님을 전심으로 섬기며 충성하는 것이 성경의 가르침이라는 사실을 주저함 없이 표현할 수 있는 믿음과 용기를 가진 크리스천입니다.

회사 생활에서도 필요한 몇 가지 팁을 알려드리겠습니다. 안전함을 추구하는 당신은 최악의 시나리오를 작성하는 데 선수입니다. 그런 당신이 직장 생활에서 일어날 수 있는 위기나 문제점을 상상하는 것은 발전적이지만, 이제는 긍정적인 시나리오도 함께 작성해 볼 것을 권하고 싶습니다. 두 가지 모두 균형 있게 생각한다면 훨씬 건강한 안전감을 누릴 수 있을 것입니다.

둘째, 위기나 위험한 상황을 항상 피해갈 수는 없다는 사실입니다. 예기치 않은 위기 상황에 부딪혔을 때 평정심을 유지할 수 있는 당신만의 방법을 찾아보십시오. 잠깐 산책을 할 수도 있고, 스스로에게 격려와 힘이 되는 말을 해주는 방법도 있습니다. 찬송을 부른다든가 옥상에 올라가 잠깐 기도를 해도 좋습니다. 그러면 침착함과 신중함을 회복할 수 있을 것입니다.

7

유쾌하고 즐거운 힘, 희락심

우리가 그 계명에 순종할 때 하나님은 기쁨과 안식을 주십니다.

희락심을 가진 사람들의 특징

□ 상상력이 풍부하고 창의적이다.

□ 호기심이 많다.

□ 무엇이든지 즐거운 것이 좋다.

□ 낯선 사람에게 그다지 적대감을 느끼지 않는다.

□ 모임 등에서 튀고 싶어하는 편이다.

□ 많은 일을 동시에 한다.

□ 고통스러운 상황을 피한다.

□ 타인의 어려움에 잘 공감하지 못한다.

□ 평범하고 반복적인 일을 싫어한다.

□ 집중을 잘 못한다.

□ 어두운 이야기는 듣고 싶지 않다.

□ 사람들을 즐겁고 기쁘게 하는 일을 좋아한다.

✻ 이들의 주요 관심사

무엇이 흥미로운가? 나는 고통과 불편에서 벗어날 수 있는가?

 주님 안에서 항상 기뻐하십시오. 내가 다시 말하거니와, 기뻐하십시오.

빌립보서 4장 4절, 표준새번역

희락심이란

단어는 잘 사용되지 않는 편인데 쾌락심과 동의어입니다. 쾌락이란 한자어는 유쾌할 快에 즐거울 樂이, 희락은 기쁠 喜에 즐거울 樂이 합성된 것입니다. 서로 비슷한 의미를 갖고 있지만 쾌락은 육감적이고 부정적인 의미로 사용될 때가 많기 때문에 사람들은 주로 희락이란 단어를 사용합니다. 희락심이란 희락을 경험할 수 있는 마음과 성격, 그리고 정신적 능력을 말합니다.

희락이란 단어가 내포한 기쁨과 즐거움은 인간이 누릴 수 있는 긍정적인 감정입니다. 누구나 이러한 감정을 느끼면서 살기를 원합니다. 즐거움을 누리기 위해 사람들은 〈개그 콘서트〉와 같은 오락 프로그램을 시청하거나 다양한 취미생활을 합니다. 그러나 적절하고 건강하게 누리지 못하고 과하게 될 때 문제가 됩니다. 예를 들면 운동을 할 때 느껴지는 즐거움을 만끽하다 보면 운동 중독에 걸리기도 하고, 섹스를 할 때 느낄 수 있는 기쁨과 즐거움에 집착하다 보면 탈선을 하기도 합니다.

좋은 일이 생기거나 직장에서 승진을 했을 때 기쁨을 느끼는 것은 정상적입니다. 그러나 남을 속일 때, 백화점에서 물건을 들키지 않고 훔쳐 나올 때 느끼는 쾌감은 비정상적입니다. 어떤 기쁨은 약효가 금방 떨어지지만 어떤 기쁨은 상당 기간 지속되기도 합니다. 희로애락喜怒哀樂, 생로병사生老病死의 삶을 살아가는 인간에게 있어서 '희'와 '낙'은 글자의 앞과 뒤를 차지할 만큼 중요한 의미를 지니고 있습니다.

기뻐할 일이 있음에도 불구하고 기쁨을 느끼지 못하거나 다른 사람들은 다 즐겁게 웃는 상황에서 사람들이 왜 즐거워하는지 이해할 수 없다면 그 사람은 불행한 사람입니다. 또 이 세상에 기쁨과 즐거움이 존재하지 않는다면 참으로 지옥과 같을 것입니다. 그러나 하나님은 일반은총을 베푸셔서 하나님의 자녀들과 불신자들에게 모두 희락심을 주셨습니다. 물론 희락을 느끼는 이유나 차원이 분명히 다릅니다. 세상에서 크리스천이 경험하는 희락은 장차 하나님의 나라에서 경험하게 될 완전한 희락을 미리 맛보는 것입니다. 이 세상의 희락은 영원할 수 없으며 완전하지 않습니다. 그리고 불완전하며 깨어진 이 세상에서는 지속적인 도취를 경험할 수 없습니다.

인간을 아름답게 하는 힘, 미덕

하나님이 주신 극치의 기쁨

하나님은 인간을 창조하실 때 감정을 느낄 수 있는 능력도 함께 주셨습니다. 하나님과 교제할 때 즐거움이나 친밀감과 같은 긍정적인 정서를 경험하게 하기 위함이었습니다. 삼위 하나님 자신 또한 스스로를 기뻐하는 분으로 계시하셨습니다. "나는 그분 곁에서 창조의 명공이 되어 날마다 그분을 즐겁게 하여 드리고, 나 또한 그분 앞에서 늘 기뻐하였다. 그분이 지으신 땅을 즐거워하며, 그분이 지으신 사람들을 내 기쁨으로 삼았다."잠 8:30-31 성령의 아홉 가지 열매 중에서 희락의 열매가 맨 마지막에 포함된 것은 당연합니다. 성령 하나님은 기뻐하실 수 있는 인격적인 하나님이며 기쁨을 선물로 주시는 분이기 때문입니다.

예수님이 "목마른 사람은 다 내게로 와서 마셔라. 나를 믿는 사람은, 성경에 이른 것과 같이 그의 배에서 생수가 강처럼 흘러 나올 것이다"라고 말씀하셨을 때 그 흘러나올 생수의 강이란, 예수님을 믿을 사람들이 받게 될 성령을 가리킵니다. 목마른 자에게 영원히 목마르지 않을 생수가 넘쳐날 때 그는 기쁨과 즐거움을 경험하게 될 것입니다. 따라서 성령이 충만한 사람은 성령의 열매로 나타나는 희락심도 갖게 됩니다.

하나님의 형상이 깨어진 인간은 하나님이 아닌 것에서 희락을 찾으려는 욕구를 갖게 되었습니다. 하나님을 예배할 때보다 우상을 숭배할 때 더 기쁨을 누리며 종교적인 외도를 수없이 반복했던 이스라엘의 역사에서 이 사실을 발견할 수 있습니다. 그들은 노골적으로 "나는 이방 신들

이 좋으니, 그들을 쫓아다녀야 하겠습니다"라고 하면서 하나님을 버렸습니다.렘 2:25

하나님은 그들이 저지른 두 가지 핵심적인 죄를 지적하셨습니다. 하나는 생수의 근원이신 하나님을 버린 것과 물을 저축하지 못할 터진 웅덩이를 스스로 판 것이었습니다.렘 2:13 신본주의적인 희락을 경험하는 대신에 인본주의적인 희락과 마귀적인 희락을 추구했던 그들에게 주어진 것은 결국 멸망과 심판뿐이었습니다. 이런 모습은 창세기에서 홍수로 심판하실 때 잘 나타납니다. "하나님의 아들들이 사람의 딸들의 아름다움을 보고, 저마다 자기들의 마음에 드는 여자를 아내로 삼는" 모습과창 6:2 "마음에 생각하는 모든 계획이 언제나 악한 것뿐"인 모습은창 6:5 사실상 악을 행하면서 느끼는 기쁨을 추구하는 인간의 병든 마음을 잘 표현합니다.

성경은 악을 행할 때 기쁨을 누리는 자들의 모습을 잘 드러냅니다. 디모데후서에서는 말세에 고통 하는 때가 이를 때 사람들에게 나타나는 현상 중 하나는 하나님보다 쾌락을 더 사랑하는 것이라고 지적했습니다. 뿐만 아니라 잠언 기자는 "어수룩한 사람들아, 언제까지 어수룩한 것을 좋아하려느냐? 비웃는 사람들아, 언제까지 비웃기를 즐기려느냐? 미련한 사람들아, 언제까지 지식을 미워하려느냐?"잠 1:22 라고 경고합니다. 어리석음을 사랑하며 거만한 삶의 양식에서 기쁨을 누리는 자들이 있다는 것입니다. 자신에 대한 인식이 부족한 사람은 자신의 삶의 양식에 대해서 문제가 있다고 느끼지 않습니다. 오히려 병든 삶의 모습을 즐기며 기뻐합니다.

잠언 기자는 이어서 "그들은 바른길을 버리고, 어두운 길로 가는 사람들이다. 그들은 나쁜 일 하기를 좋아하며, 악하고 거스르는 일 하기를 즐거워한다"잠 2:13-14라고 지적합니다. 어떻게 행악하기를 기뻐하며 패역한 삶을 즐거워할 수 있을까요. 그러나 하나님의 형상이 깨어진 자들이나 하나님이 마음에 없는 자들, 또는 정신질환자들은 악을 행할 때 오히려 쾌감을 느끼고 다른 사람들을 해치거나 괴롭힐 때 즐거움을 느낍니다.

초등학생들 중에서도 왕따 현상이 일어나는 것은, 한 아이를 괴롭힐 때 가해하는 아이들이 쾌감을 느끼는 동시에 자신이 그 괴롭힘을 당하는 아이로 찍히지 않았다는 것에 안도감을 느끼기 때문입니다. 상대방에게 고통을 주면서 쾌감을 느끼고, 자신에게 파괴적인 행동을 하면서 희락을 경험하는 것은 참으로 안타까운 일입니다.

독약 바른 사탕을 조심하라_ 바울은 고린도전서 13장 6절에서 사랑은 불의를 기뻐하지 않는다고 말했습니다. 여기서 사랑이란 여러 의미를 내포하고 있습니다. 사랑은 하나님의 성품인 동시에 성숙한 삶을 뜻하기도 합니다. 사랑을 하나님과 바꾸어서 이 구절을 읽어 보면 하나님은 악을 행하는 것을 기뻐하는 분이 아니라는 것을 알 수 있습니다. 심지어 악인이 패망하는 것조차 기뻐하지 않으십니다. 하나님은 악인의 패망을 보고 좋다고 박수치는 자들에 대해서 경고하기까지 하셨습니다. "원수가 넘어질 때에 즐거워하지 말고, 그가 걸려서 쓰러질 때에 마음에 기뻐하지 말아라. 주께서 이것을 보시고 좋지 않게 여기셔서, 그 노여움을 너의 원수로부터 너에게로 돌이키실까 두렵다."잠 24:17-18

예수님 역시 그런 삶의 모범을 보여 주셨습니다. 자신을 향하여 욕하며 침 뱉는 자들에게 똑같이 욕설이나 저주를 퍼붓지 않으셨습니다. 베드로가 칼을 빼어 대제사장의 종 말고의 귀를 잘랐을 때에도 도리어 붙여 주시고 낫게 해주셨습니다. 로마의 포악한 황제 네로는 로마에 불을 지른 뒤 그 책임을 크리스천들에게 덮어 씌워 박해하였고 자신은 불타는 로마를 보면서 쾌재를 불렀다고 합니다. 예수님의 모습과 얼마나 대조적입니까.

하나님의 형상이 회복되어 가는 성도는 예수 그리스도 안에서 희락을 누리는 삶을 살게 됩니다. 또한 하나님을 기쁘시게 하는 삶을 살고 하나님이 기뻐하시는 대상이 됩니다. 전에는 죄로 인하여 하나님과 원수 되었지만 이제는 하나님이 기쁨을 이기지 못하는 '좋은 대상'이 된 것입니다.

예수님은 하나님의 나라를 잔치에 빗대어 설명하셨습니다. 탕자의 비유에서 아버지는 탕자를 되찾은 기쁨을 잔치로 표현하며 "즐거워하고 기뻐하는 것이 마땅하지 않겠느냐?"라고 말합니다.눅 15:32 새 예루살렘에서는 더 이상 애통하는 것이나 곡하는 것이나 아픈 것이 다시 있지 않을 것입니다.계 21:4 거기서 우리는 영원한 기쁨과 평강을 누릴 것입니다.

죄와 희락심을 짧게나마 연결해 보겠습니다. 죄를 지으면 죄책감과 두려움, 그리고 수치심과 같은 부정적인 감정이 따라옵니다. 그러나 악을 행하면서 기쁨을 얻는 사람들의 경우처럼 죄를 지을 때 수반되는 잠정적인 기쁨이 있습니다. 마귀가 우리로 하여금 죄를 짓도록 유혹할 때에는 마치 설탕과 같은 달콤한 쾌감을 느끼게 해줍니다. 하지만 이것은 설탕을 코팅한 독약과 같습니다. 단맛이 주는 즐거움이 있기에 죄는 중독성이 있습니다. 우선 기쁜 것, 우선 즐거운 것을 약속하기 때문에 유혹에 넘어지는 것입니다.

크리스천을 포함하여 현대인들이 쉽게 빠질 수 있는 죄악은 포르노그래피입니다. 인터넷을 통해 시간과 장소를 가리지 않고 쉽게 접속할 수 있기에 더욱 빠르게 확산되고 있습니다. 포르노그래피는 시각적 자극을 통하여 접속하는 동안 쾌감을 증가시켜 주고 불안을 감소시키는 중독적인 효과가 있습니다. 그래서 어린아이부터 노인에 이르기까지 특히 시각적 자극에 약한 남성들에게 치명적입니다. 분명한 사실은 이러한 희락은 금방 사라진다는 것입니다. 오히려 짧은 쾌감 뒤에 찾아 드는 죄책감, 자괴감, 무력감과 씨름해야 하는 고통을 겪게 됩니다.

통과하기 힘든 '항상 기뻐하라'의 문

정신분석학자 프로이드는 인간의 심리적 역동성을 두 개의 큰 원리로 이해하려고 했습니다. 하나는 쾌락의 원리이며 또 다른 하나는 고통경감의 원리입니다. 두 원리는 동전의 양면과 같습니다. 그는 인간이 기본적으로 쾌락을 추구하고, 고통스러운 것은 가능하면 회피하려 한다고 보았습니다. 그의 관점에서는 이 땅에 사는 모든 인간은 희락의 삶, 행복한 삶, 쾌락적인 삶을 추구하는 욕구를 갖고 있습니다. 그러나 쾌락을 지나치게 추구하거나 고통을 반복적으로 회피하게 되면 그 사람은 성숙한 심리를 갖지 못하고 신체적, 정신적 증상으로 결국 고통 받게 됩니다. 이것이 소위 신경증이라고 하는 것입니다. 스캇 펙은 이 사실을 잘 지적합니다.[22]

어떤 사람이 감정을 느낀다고 하는 것은 몸 안에서 감정을 느끼게 하는 화학물질이 분비되며 그것이 감정을 주관하는 뇌의 특정 부위에 전달되기 때문입니다. 여기서 인간의 감정을 단순히 생화학적으로만 이해하는 것은 유물론적 사고방식에 기인하기 때문에 제한적이라는 것을 명심해야 합니다. 그러나 생화학적인 인간이해가 도움이 되는 경우가 있기 때문에 어느 정도 이해할 필요가 있습니다.

기쁨과 행복감과 같은 감정을 느낄 때에 도파민Dophamine과 같은 화학물질이 많이 분비됩니다. 흔히 결혼해서 신혼의 달콤한 시기를 지날 때 이 화학물질이 많이 분비된다고 알려져 있습니다. 그러나 소위 약발이 떨어지고 나면 건강한 부부는 그동안의 긍정적인 대상경험과 기억을 토대로 서로를 수용하며 심리적으로 성숙하게 되는데 그런 과정 속에서 또 다른 행복감과 기쁨을 누리게 됩니다. 인간은 살아 있는 동안 기쁨을 누릴 때마다 몸 안에서 화학물질이 계속 분비됩니다. 이것은 암세포를 죽일 만큼 치료 효과가 있습니다. 웃음치료법도 이런 생화학적 작용과 밀접한 관계가 있습니다.

약물 복용으로 뇌신경에 자극을 주어 인위적인 기쁨과 행복감을 누리려는 사람들이 있습니다. 단기적인 기쁨이라는 사실을 잘 알면서도 그것을 끊지 못해 마약에 중독되는 이들입니다.

저는 미국 유학시절, 병원에서 임상 수련을 하는 과정에서 백혈병으로 죽어가는 한국인 여성 환자를 여러 차례 방문하여 대화하며 기도한 적이 있습니다. 그분은 통증을 감소시키는 마약 성분이 든 약 덕분에 죽기 며칠 전 하루 정도는 전혀 고통을 느끼지 않았습니다. 그 시간에 가족과 주변 사람들과 화해하고 쾌활하게 웃으며 마치 천국에 있는 것처럼 기뻐하는 것을 보았습니다. 약물의 효과가 천국 경험과 유사한 경험을 하게 한다는 것을 그때 알았습니다. 어떤 마약 복용자가 마약을 했을 때 천국에 있는 것과 같았다고 말하는 것을 들은 적도 있습니다. 잘못된 모습이고 사회범죄 행위이기는 하지만, 우리는 마약 중독자들에게서 기쁨을 갈구하는 인간의 모습을 발견할 수 있습니다.

희락과 관련성이 높은 정신질환은 조증mania입니다. 조증이란 이유 없이 강렬한 기분이 고양된 상태를 말합니다. 조증 환자는 에너지가 넘치며 목소리가 크고 비현실적이며 과대망상적인 행동을 합니다. 반드시 기쁨이 동반되는 것은 아니지만 팽만한 자존감과 쾌락적인 활동에 몰입할 수 있는 위험성을 갖고 있기 때문에 조심해야 할 질환입니다.

"나는 행복해야 한다"

에니어그램에서 희락심과 밀접한 관계가 있는 유형은 7번 '제너럴리스트' Generalist 형입니다. 7번은 삶에서 다양한 관심사를 갖고 있으며 대인관계의 폭이 넓습니다. 삶의 모토가 '즐기자' 이기 때문에 때로는 7번을 쾌락주의자라고 부릅니다. 일반적으로 7번은 외향적 성격을 가진 사람입니다. 삶에서 활력이 넘치며, 대인관계 기술이 뛰어납니다. 독서나 글쓰기 면에서 보면 다독多讀형이거나 다작多作형입니다. 감각적이며 미식가의 자질이 다분히 있습니다. 이들은 활동적이며 노는 것을 좋아합니다. 새로운 경험을 추구하기 때문에 평상적인 것에서는 쉽게 따분함을 느낄 수 있습니다. 그래서 이 유형의 사람은 어디를 가든 인기가 있고 사회 생활을 성공적으로 해냅니다.

건강하지 못한 7번은 자기중심적이며 알코올이나 마약에 중독될 위험성이 있습니다. 또한 충동적이며 자신이 원하는 것이 만족되지 않을 때 쉽게 좌절하거나 분노하거나 회피합니다. 심할 경우에는 조울증의 증상을 드러냅니다.

7번이 성숙하려면 5번의 장점을 보완해 가는 것이 필요합니다. 감정적이며 충동적인 면을 보완해서 머리 중심적이고 이성적이며 합리적인 생각으로 자신을 성찰하는 작업을 하면 폭 넓은 경험에 깊이를 더해 갈 수 있습니다. 역으로 7번이 스트레스 상황에 처하면 1번이 가진 약점들을 드러냅니다. 이럴 경우 어떤 틀을 강박적으로 만들며 자신과 타인을 통제하려고 하고 자신의 기대가 만족되지 않을 때 분노로 반응합니다.

7번의 날개는 8번과 6번입니다. 7번은 8번 리더형이 가진 리더십을 보완적으로 갖고 있습니다. 혼자만 기뻐하고 즐기는 것이 아니라 다른 사람들을 기쁘게 하며 웃음을 선사하는 데 자신의 자질을 사용하는 것이 필요합니다. 6번 로얄리스트형을 날개로 갖는 7번은 새로운 경험을 추구하려는 행동을 하면서도 기존의 삶과 전통을 존중함으로써 균형을 유지할 수 있습니다.

마음껏 즐기고 누려 헛됨을 알았던 사람, 솔로몬

성경에서 희락을 가장 폭넓게 경험한 사람을 든다면 솔로몬입니다. 그는 쾌락주의자였습니다. 또한 지혜로웠으며 세상의 여러 부분에 대한 흥미와 관심이 많았습니다. 그의 쾌락 추구는 전도서에 잘 나타납니다. "지혜를 갈망해 온 나는, 술로 내 육신을 즐겁게 하고, 낙을 누려 보려고 마음먹은 적도 있다. 참으로 어리석게도, 이렇게 사는 것이 짧은 한평생을 가장 보람 있게 사는 것이라고 생각하였다. 나는 여러 가지 큰 일을 성취하였다. 궁전도 지어 보고, 여러 곳에 포도원도 만들어 보았다. … 나는 또한, 지금까지 예루살렘에 살던 어느 누구도 일찍이 그렇게 가져 본 적이 없을 만큼 많은 소와 양 같은 가축 떼를 가져 보았다. 은과 금, 임금들이 가지고 있던 여러 나라의 보물도 모아 보았으며, 남녀 가수들도 거느려 보았고, 남자들이 좋아하는 처첩도 많이 거느려 보았다." 전 2:3-8

그는 긍정적인 희락도 잘 알고 있었습니다. "이제 나는 깨닫는다. 기쁘게 사는 것, 살면서 좋은 일을 하는 것, 사람에게 이보다 더 좋은 것이 무엇이랴! 사람이 먹을 수 있고, 마실 수 있고, 하는 일에 만족을 누릴 수 있다면, 이것이야말로 하나님이 주신 은총이다." 전 3:12-13

—이관직 『성경인물과 심리분석』 중에서

🐚 건강한 희락심 만들기 프로젝트

말씀 묵상을 훈련하라_ 말씀을 묵상할 때 오는 기쁨을 시편 기자들은 여러 곳에서 노래합니다. "복 있는 사람은 … 오로지 주의 율법을 즐거워하며, 밤낮으로 율법을 묵상하는 사람이다."시 1:2 "주님을 경외하고 주의 계명을 크게 즐거워하는 사람은 복이 있다."시 112:1 더 나아가 하나님의 말씀은 고난을 이겨내며 부정적인 감정을 극복해 가는 데 도움을 줍니다. "주의 법을 내 기쁨으로 삼지 아니하였더라면, 나는 고난을 이기지 못하고 망하고 말았을 것입니다."시 119:92 예레미야 선지자가 그의 사역에서 좌절과 고통을 견뎌낼 수 있었던 것은 하나님의 말씀을 묵상하는 데서 오는 기쁨이 있었기 때문입니다. "주께서 저에게 말씀을 주셨을 때에 저는 그 말씀을 받아먹었습니다. 주의 말씀은 저에게 기쁨이 되었고, 제 마음에 즐거움이 되었습니다."렘 15:16

기독교적인 세계관으로 연구하라_ 시편 기자는 다음과 같이 노래합니다. "주께서 하시는 일들은 참으로 훌륭하시니, 그 일을 보고 기뻐하는 사람들이 모두 그 일을 깊이 연구하는구나."시 111:2 하나님이 지으신 피조세계를 연구하고 발견하는 기쁨과 즐거움은 이 세상이 주는 것과 비교할 수 없습니다. 그래서 그 기쁨을 맛보면 기쁨으로, 자발적으로 연구하게 됩니다. 삼락三樂 중의 하나가 '학문하는 즐거움'이라는 옛 어른들의 말씀은 하나도 그르지 않습니다. 기독교적인 세계관을 갖고 공부하며 탐구하며 연구하는 것 자체가 온 마음을 다해 하나님을 사랑하는 것입니다.

하나님과 사람을 행복하게 하는 이벤트 전문가가 되라_ 특히 정의를 사랑하며 추구할 때 하나님이 기뻐하신다는 사실을 잠언 기자는 다음과 같이 표현합니다. "속이는 저울은 주께서 미워하셔도, 정확한 저울 추는 주께서 기뻐하신다."잠 11:1 또한 하나님이 기뻐하시면 자녀인 우리도 기쁩니다. 예를 들면, 안식일을 지키는 것을 하나님이 기뻐하시며 우리가 그 계명에 순종할 때 우리에게 기쁨과 안식을 주십니다.

자신의 즐거움과 행복보다 다른 사람의 삶을 풍성하게 해줄 방법들을 생각해 보십시오. 승진에서 누락된 선배를 위한 위로 이벤트, 직원들의 사기를 북돋아 주는 격려 편지, 수익을 직원들과 함께 나누는 이익 분배 등 행복을 나누면 더욱 행복해질 수 있습니다.

순결한 결혼생활을 하라_ 결혼은 남편과 아내가 서로에게 힘을 실어 주며 기쁨을 제공하는 관계입니다. 하나님이 에스겔 선지자의 아내의 생명을 취하겠다고 말씀하실 때 "사람아, 나는 너의 눈에 들어 좋아하는 사람을 단번에 쳐죽여, 너에게서 빼앗아 가겠다."겔 24:16라고 말씀하시며 그의 아내를 '네 눈에 기뻐하는' 자라고 표현하셨습니다. 잠언 기자는 "네 샘이 복된 줄 알고, 네가 젊어서 맞은 아내와 더불어 즐거워하여라"잠 5:18고 권면합니다.

결혼관계 밖에서 기쁨을 누리려는 사람들이 너무 많은 이 시대에 우리는 결혼의 틀 안에서 기쁨을 누리며 자족하는 삶을 살아야 할 것입니다. 더 나아가 자신의 배우자에게 기쁨을 주는 대상인지 아니면 슬픔과 고통을 주는 대상인지 제대로 인식하고, 회개하고 변화되도록 노력해야 할 것입니다.

희락심을 가진 당신을 위한 격려

빌립보서 말씀은 바울이 로마 옥중에서 기록한 말씀입니다. "주님 안에서 항상 기뻐하십시오. 내가 다시 말하거니와, 기뻐하십시오." 이것은 오늘을 살아가는 우리를 향한 권면이기도 합니다. 항상 기뻐하며 모든 상황에서 감사하는 삶을 사는 것이 하나님이 우리를 향하신 뜻이라고 성경은 밝히 말합니다. 이 말씀에 순종하며 살 때 세상 사람들이 이해할 수 없는 희락을 맛보며 영원한 하나님의 나라에서도 희락을 누리게 될 것입니다.

그렇다면 직장에서는 어떨까요? 먼저 초점을 한 곳에 맞춰 보세요. 당신은 그야말로 아이디어뱅크입니다. 하지만 때로는 당신의 다양한 아이디어와 빠른 변화를 다른 사람들이 쫓아오기 힘들 수도 있습니다. 당신은 재미있을지 몰라도 다른 사람은 혼란스럽고 화가 날 수 있다는 것을 헤아릴 필요가 있습니다. 좀 더 진득하게 집중하는 훈련을 한다면 당신의 뛰어난 아이디어는 지금보다 훨씬 더 좋은 열매를 맺을 것입니다.

둘째, 당신은 진행하는 일이 있어도 또 다른 흥밋거리나 아이디어가 등장하면 그 일도 추가하는 경향이 있습니다. 그러면 업무량이 당연히 늘어납니다. 혼자 하는 일일 때는 상관없지만 그것이 공동의 일이라면 시간이 부족할 수 있습니다. 업무량과 시간을 고려하여 잘 조절하기를 권하고 싶습니다.

8

공동체를 다스리는 에너지, 통솔심

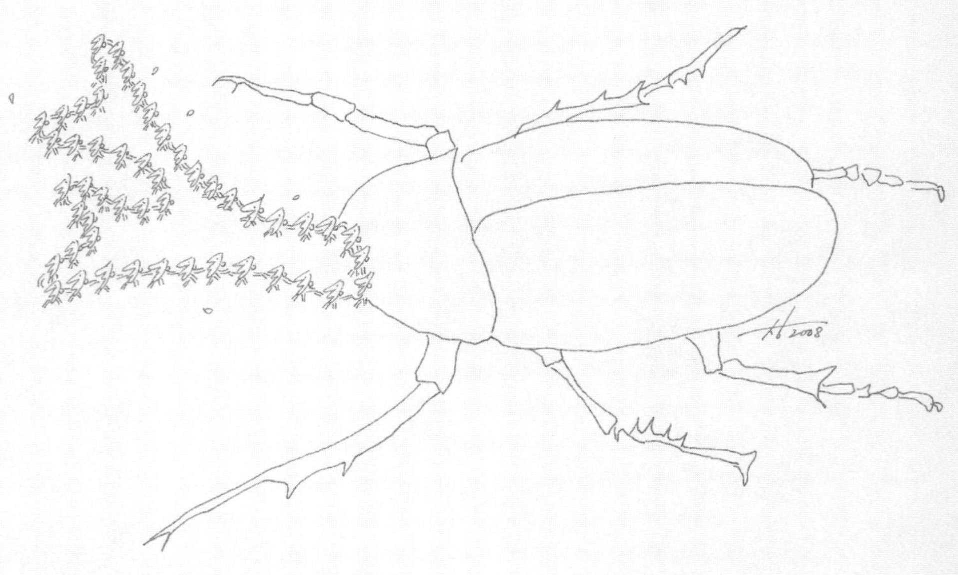

주님과 인격적으로 만난 사람은 통솔하는 길에서 균형 감각을 유지할 수 있습니다.

통솔심을 가진 사람들의 특징

□ 어려움이 있어도 이를 극복한다.

□ 의리와 도리를 중시한다.

□ 힘을 행사하는 것은 통쾌한 일이다.

□ 도전할 대상이 있어야 힘이 솟는다.

□ 자신의 권위와 권한 밑에 있는 사람들을 보호한다.

□ 매우 전략적이다.

□ 자신과 타인에 대한 기대가 높다.

□ 추진력이 있다.

□ 자신감과 권위가 있다.

□ 속도가 느린 사람을 이해하기 힘들다.

□ 어떤 조직 안에서 누가 권력을 잡고 있는지 금방 알 수 있다.

□ 공격적이고 자기주장이 강하다.

＊ 이들의 주요 관심사

모든 것이 효과적이고 옳은 방식으로 통제되고 있는가?

나는 여러분 가운데 있는 장로들에게 같은 장로로서,

또한 그리스도의 고난의 증인이요

앞으로 나타날 영광을 함께 누릴 사람으로서 권면합니다.

여러분 가운데 있는 하나님의 양 떼를 먹이십시오.

그들을 잘 감독하십시오.

억지로 할 것이 아니라, 하나님의 뜻을 따라 자진해서 하고,

더러운 이익을 탐하여 할 것이 아니라, 기쁜 마음으로 하십시오.

여러분은 여러분에게 맡겨진 사람들을 지배하려고 하지 말고, 양 떼의 모범이 되십시오.

그러면 목자장이 나타나실 때에, 변하지 않는 영광의 면류관을 얻을 것입니다.

젊은이 여러분, 이와 같이 여러분도 장로들에게 순종하십시오.

모두가 서로서로 겸손의 옷을 입으십시오.

베드로전서 5장 1–5절, 표준새번역

인간은

홀로 존재하지 않고 사회 속에서 다른 사람들과 더불어 살아가는 존재입니다. 이때 서로 보호하며 존중하기 위한 법과 질서가 필요합니다. 법과 질서를 유지하기 위해 이것을 맡은 자와 이끌어 가는 사람들에게 권위와 힘이 부여됩니다. 자신을 스스로 다스리며 통제하기 위해서도 어느 정도의 힘이 있어야 합니다. 이 힘을 정신분석학에서는 '자아 능력'이라고 합니다. 나아가 가정과 교회, 사회, 국가를 잘 다스리고 이끌기 위해서도 건강한 힘이 필요하며 이런 힘을 통솔력 또는 리더십이라고 합니다.

통솔심이란 통솔력이라는 힘과 에너지가 생기게 하는 성격구조와 심리적 기능이라고 정의 내릴 수 있습니다. 이것은 태어날 때부터 가지고 있는 특성인 동시에 환경의 영향으로 촉진되며 발달되기도 합니다.

일반적으로 통솔심이라는 단어보다는 통솔력이라는 단어가 사용됩니다. 統率心이란 한자어는 '하나로 묶는다'는 의미의 '통' 자에 '이끈다'는 의미의 '솔' 자에 마음 '심' 자가 합성된 것입니다. 즉 그룹이나 공동체를 하나로 묶어서 인도하며 이끌 수 있는 마음 또는 이끌고 싶은 마음이 통솔심입니다.

구원의 큰 물줄기를 이룬 통솔심

통솔심과 밀접한 관계에 있는 하나님의 속성은 주권성입니다. 하나님은 온 우주만물을 무질서에서 질서의 세계로 창조하신 분입니다. 그리고 만물을 다스리며 주관하시는 분입니다. 하나님의 통솔력은 무한한 지혜와 능력과 권세로부터 나옵니다. 그분은 온 우주만물에 생명을 주시며 '두 마리가 한 앗사리온에 팔리는' 하찮은 참새의 생명까지도 지키십니다.

하나님은 인간을 하나님의 형상으로 창조하시고 인간에게 피조물을 관리하며 다스리는 통솔력과 통솔심을 주셨습니다. 첫 사람 아담은 동물의 이름을 지음으로써 그에게 부여된 신적 권위와 능력과 지혜를 행사했고, 하와에 대해서도 "남자에게서 나왔으니 여자라고 부를 것이다"라고 이름을 붙임으로써 그에게 주어진 통솔력을 사용하였습니다. 창 2:23

하나님의 형상으로 지음 받은 아담과 하와의 모습은 하나님이 보시기에 좋았습니다. 그들에게 부여된 통솔심 역시 아름다운 속성으로, 억압적이거나 계급적이거나 착취적인 것이 아니었습니다. 그러나 그들이 타락하자 그들 사이에서의 통솔심은 "남편은 너를 다스릴 것이니라"는 말씀에서 알 수 있듯이 상하와 통제관계로 변하고 말았습니다._{창 3:16}

타락한 인간의 통솔심은 가인의 경우 동생 아벨을 살인하며 성을 쌓는 모습으로 나타납니다. 성을 쌓는다는 것은 두려움과 불안으로부터 안전을 확보하려는 상징적 행동입니다. 노아가 살던 시대에는 온 땅이 하나님 앞에 패괴하고 강포가 땅에 가득하여 홍수로 심판을 받았습니다. 그 사건 후에는 생물들이 인간을 무서워하게 되었고 동물이 인간에게 먹히는 관계가 되고 말았습니다.

궁극적으로 예수 그리스도 안에서 구속될 통솔심의 서곡이 노아의 방주 준비와 홍수 사건, 그리고 무지개 언약에서 나타납니다. 좀 더 구체적으로는 아브라함에게 먼저 찾아오시고 복의 근원으로 부르신 하나님의 리더십에서 드러납니다. 아브라함에게 주신 통솔력은 "너를 축복하는 사람에게는 내가 복을 베풀고, 너를 저주하는 사람에게는 내가 저주를 내릴 것이다. 땅에 사는 모든 민족이 너로 말미암아 복을 받을 것이다"_{창 12:3}라는 말씀에서도 잘 드러납니다. 그는 족장으로서 그에게 주어진 권위와 능력, 축복권을 행사하였고 이삭과 야곱에게 전수해 주었습니다. 이 통솔력은 마침내 출애굽의 대구원 역사를 이루는 도구로 부름 받은 모세를 통해 빛을 발합니다.

하나님은 이스라엘 백성들을 인도하시기 위해 그들 중에 왕과 제사장과 선지자, 방백들을 세우셨습니다. 그러나 이스라엘 역사의 대부분은 병든 통솔심을 갖고 통솔력을 행사한 지도자들의 폭정과 불순종, 그리고 우상숭배로 얼룩지고 말았습니다.

이사야는 이들을 머리와 꼬리에 비유해서 표현했습니다. "그러므로 주께서 이스라엘의 머리와 꼬리, 종려가지와 갈대를 하루에 자르실 것이다. 머리는 곧 장로와 고관들이고, 꼬리는 곧 거짓을 가르치는 예언자들이다."사 9:14-15 이 머리와 꼬리가 병이 들었으니 백성들을 제대로 인도했을 리가 없습니다. 그 결과 인도자나 그들을 따르는 백성 모두 파멸의 웅덩이에 빠지고 말았습니다. "이 백성을 인도하는 지도자들이 잘못 인도하니, 인도를 받는 백성이 멸망할 수밖에 없다."사 9:16 병든 통솔심을 가진 지도자들의 모습을 이사야는 다음과 같이 고발합니다. "불의한 법을 공포하고 양민을 괴롭히는 법령을 제정하는 자들아, 너희에게 재앙이 닥친다! '가난한 자들의 소송을 외면하고 불쌍한 나의 백성에게서 권리를 박탈하며 과부들을 노략하고 고아들을 약탈하였다.'"사 10:1-2

통솔력의 모범들_ 에스겔은 병든 통솔심을 가진 이스라엘의 목자를 고발하며 그들에게 임할 심판을 예언하였습니다. 그들은 양무리를 제대로 먹이지 않고 자기만 먹는 이기적인 지도자들이었습니다. "약한 양들을 튼튼하게 키워 주지 않았으며, 병든 것을 고쳐 주지 않았으며, 다리가 부러지고 상한 것을 싸매어 주지 않았으며, 흩어진 것을 모으지 않았으며, 잃어버린 것을 찾지 않았다. 오히려 양 떼를 강압과 폭력으로 다스렸

인간을 아름답게 하는 힘, 미덕

던" 것입니다.겔 34:4

하나님은 이같은 지도자들을 쫓아내시고 친히 자기 백성을 다스리겠다고 말씀하십니다. "내가 직접 내 양 떼를 먹이고, 내가 직접 내 양 떼를 눕게 하겠다."겔 34:15 더 나아가 다윗의 씨에서 영원한 목자를 보내주실 것이라고 말씀하십니다. "내가 그들 위에 목자를 세워 그들을 먹이도록 하겠다. 그 목자는 내 종 다윗이다. 그가 친히 그들을 먹이고 그들의 목자가 될 것이다."겔 34:23

병든 통솔력을 행사했던 사울 왕과는 대조적으로 다윗은 건강한 통솔력을 가진 왕이었습니다. 그는 다윗의 씨로 태어나 메시아로서 통솔력을 발휘할 예수 그리스도를 예표합니다. 이사야는 메시아가 보여 줄 통솔심의 모습을 다음과 같이 노래합니다. "그는 주를 경외하는 것을 즐거움으로 삼는다. 그는 눈에 보이는 대로만 재판하지 않으며, 귀에 들리는 대로만 판결하지 않는다. 가난한 사람들을 공의로 재판하고, 세상에서 억눌린 사람들을 바르게 논죄한다. 그가 하는 말은 몽둥이가 되어 잔인한 자를 치고, 그가 내리는 선고는 사악한 자를 사형에 처한다. 그는 정의로 허리를 동여매고 성실로 그의 몸의 띠를 삼는다."사 11:3-5

예수 그리스도의 나라에서 회복될 평화의 모습과 그리스도의 통솔력이 이어지는 본문에서 나타납니다. "그때에는 이리가 어린 양과 함께 살며 표범이 새끼 염소와 함께 누우며 … 젖 먹는 아이가 독사의 구멍 곁에서 장난하고, 젖 뗀 아이가 살무사의 굴에 손을 넣는다. … 그 날이 오면, 이새의 뿌리에서 한 싹이 나서 만민의 깃발로 세워질 것이며, 민족들이 그를 찾아 모여들어서 그가 있는 곳이 영광스럽게 될 것이다."

하나님은 친히 자신의 통솔력을 발휘하여 "그는 목자와 같이 그의 양 떼를 먹이시며, 어린 양들을 팔로 모으시고 품에 안으시며, 젖을 먹이는 어미 양들을 조심스럽게 이끄신다"라고 말씀하십니다.사 40:11 이 말씀에서 하나님은 '좋은 가슴'으로 먹이며 양육하는 대상으로 자신을 계시하십니다. 하나님은 자신의 양무리에게 '품어 주는 환경'을 제공하는 지도력을 발휘하시는 분입니다. 양들을 보호하며 인도하는 좋은 목자, 선한 목자입니다. 다윗은 이 하나님을 '부족함이 없는 목자'라고 칭하며 "나를 푸른 풀밭에 누이시며 쉴 만한 물 가로 인도하신다"라고 노래했습니다.시 23:2 예수님은 잃어버린 한 마리 양을 찾을 때까지 찾으시는 목자이고 양들을 위하여 자신을 희생하여 양들에게 구원을 베푸십니다.

서로 순복할 때 통솔력은 빛난다_ 통솔심과 순종심은 밀접한 관계가 있습니다. 인도하는 자는 건강하게 통솔력을 발휘하고, 따르는 자들은 인도하는 자에게 순종할 때 균형 잡힌 관계를 유지할 수 있기 때문입니다. 서로 주 앞에서 순복하는 마음으로 각자의 책임을 다할 때 통솔력은 더욱 빛납니다. 그리고 인도함을 받는 자는 평강을 누릴 수 있습니다. 베드로 사도는 장로들의 통솔심에 대한 권면을 하고 바로 이어서 "젊은이 여러분, 이와 같이 여러분도 장로들에게 순종하십시오. 모두가 서로서로 겸손의 옷을 입으십시오"벧전 5:5라고 권면함으로써 이 관계를 잘 정립해 주었습니다.

인간을 아름답게 하는 힘, 미덕

통솔력을 행사하는 지도자가 겸손할 때 하나님께서는 그를 계속 사용하십니다. 하나님은 통솔자들이 교만한 것을 미워하시기 때문입니다. 이러한 사실은 느부갓네살 왕의 삶에서 잘 나타납니다.단 4장 참조 하나님께서는 교만해진 그를 낮추시기 위해 들짐승들과 함께 거하며 소처럼 풀을 뜯어먹는 비정상적인 삶을 살게 하셨습니다. 후에 제 정신이 돌아와 왕위에 복귀했을 때 "그는 교만한 이를 낮추신다"단 4:37 라고 하나님을 찬양하였습니다. 하나님은 왕위에 앉아 있던 자라도 끌어내려 진토에 앉히기도 하시지만 그 마음에 합한 자는 거름더미에서라도 들어올려 귀족들과 함께 앉게 하시며 영광의 자리를 차지하게 하시는 분입니다. 우리는 이 사실을 다윗의 왕위 등극과 사울 왕의 몰락에서 똑똑히 볼 수 있습니다.

가정과 연결해서 통솔심을 살펴보겠습니다. 가정에서 부모는 통솔력을 행사하는 힘을 가진 존재입니다. 하나님은 부모에게 이 힘과 권위 그리고 책임을 부여하셨습니다. 그래서 하나님은 부모를 저주하거나 부모를 치는 자는 반드시 죽이라는 계명까지 주셨습니다.출 21:15, 17 부모를 거역하거나 저주하는 것은 부모에게 통솔력과 권위를 주신 하나님을 거역하며 저주하는 것으로 간주하셨기 때문입니다. 그래서 하나님은 십계명 속에 "네 부모를 공경하라"는 적극적인 계명을 주셨고 부모의 통솔에 잘 순종하는 자녀에게는 장수의 복을 주겠다고 약속하셨습니다.

바울 사도는 이 부분을 에베소서에서 재삼 강조함과 동시에 부모의 책임에 대해서도 아울러 지적합니다. "또 아버지이신 여러분, 여러분

의 자녀를 노엽게 하지 말고, 주님의 훈련과 훈계로 기르십시오."엡 6:4

부모가 병적인 통솔력을 사용하면 자녀들의 마음에 깊은 상처를 줍니다. 결과적으로 자녀들은 부모와 권위자들에 대한 분노와 공격성을 갖게 되지요. 따라서 예수님의 마음으로 가르치고 훈련시키는 통솔력을 발휘하는 것이 부모에게 맡겨진 책임입니다. 예수님이 제자들의 발을 씻김으로써 섬기는 통솔력을 몸소 보여 주신 것처럼 부모들은 권위를 주장하는 자세를 버리고 자녀들을 섬기는 자세로 양육해야 합니다. 자녀들이 부모를 존경하고 그 권위를 인정하도록 하는 것이 성경적인 부모와 자녀 관계입니다.

발을 씻어 주는 통솔력

발달심리학자 에릭 에릭슨은 그의 8단계 발달모델에서 각 단계에서 요구되는 심리적 과제를 규명하였습니다. 그 중에서 통솔심과 가장 연관성이 높은 심리 특성을 찾는다면 자율성과 진취성일 것입니다.

자립적이며 자율적인 것은 리더들의 특징입니다. 자율성이 있는 사람은 독립적인 사고와 행동을 할 수 있으며, 독립적으로 결정할 수 있는 자신감을 갖고 있습니다. 신뢰성과 자율성을 바탕으로 세워지는 진취성은 새로운 것에 대한 관심이 많아 도전하고 모험하는 능력을 말합니다. 창의성과 개척자 정신은 다른 사람들을 인도할 때 꼭 필요한 자질입

인간을 아름답게 하는 힘, 미덕

니다. 불안함을 당당히 직면하여 극복하고, 안정지향적인 틀을 벗어나 모험할 수 있는 능력은 리더에게 매우 중요한 자질입니다.

진취성 외에도 통솔심을 잘 발휘하려면 다른 심리적 특성들도 보완적으로 갖고 있어야 합니다. 인간과 주변 환경에 대해 기본적인 '신뢰감'을 갖고 있는 사람은 사람들을 건강하게 통솔합니다. 열심히 노력하고 부지런하여 좋은 결과를 가져올 수 있는 '근면성'은 건강한 리더들이 갖추고 있는 자질입니다. 그리고 자신이 누구이며 어디에 소속되어 있는지에 대한 분명한 정체성을 확립하는 것, 타인들과 친밀함을 경험할 수 있는 대인관계능력을 갖추는 것 또한 건강한 리더가 갖추어야 할 특성입니다.

어떤 사람의 통솔심을 이해할 때에는 평행과정에 주목할 필요가 있습니다. 통솔심은 태어날 때부터 주어지기도 하지만 이미 어떠한 대상으로부터 통솔을 받아본 경험에서 발달하기도 합니다. 가정에서 부모가 갖고 있는 통솔력의 영향은 다음 세대의 자녀가 부모가 되었을 때 잘 드러납니다. 부모는 통솔심을 가르치며 내면화 시키는 일차적 대상입니다. 이는 부모가 건강한 리더십을 발휘하지 못할 때 자녀는 건강한 통솔심을 가진 사람으로 성장하기 어렵다는 뜻입니다. 여호수아의 경우 그는 최소한 40년간 모세로부터 통솔을 받으며 리더십 훈련을 받았습니다. 따라서 그의 통솔심에는 모세의 모습이 내면화 되어 '자기—대상'으로 자리 잡고 있었다고 말할 수 있습니다.

좋은 대상으로부터 통솔을 받은 경험이 있는 리더는 따르는 사람들과 좋은 대상관계를 형성할 수 있는 능력이 있습니다. 반면 부정적 대상 경험이 많은 사람이 리더가 되면 자신과 다른 사람들을 배척합니다. 다양성을 받아들이지 못하고 자신과 맞는 코드의 사람들만을 선호하기 때문에 자기 인식을 제대로 할 수 없습니다.

통솔심에 대해 이해할 때 사회문화적인 고려가 필요합니다. 그동안 한국인들과 한국 교회는 남성중심적이며 계급주의적이며 가부장적인 사회문화의 틀 속에서 통솔력이 발휘되었습니다. 이러한 틀이 모두 잘못된 것은 아니지만 균형을 잃은 것이었습니다. 따라서 좀 더 평등하고 모성적이며 공유하는 리더십으로 상호보완되어야 합니다. 일방적으로 이끌거나 폭력이나 두려움을 사용하여 통솔하는 리더십은 건강하지 않을 뿐더러 이는 성경적인 리더십도 아닙니다. 건강한 공동체를 이루기 위해서는 힘을 공유하며 위임해야 합니다. 힘을 가진 리더가 인도함을 받는 자들에게 힘을 실어주며 섬기는 리더십으로 바뀌어야 합니다.

8번의 흑과 백_ 통솔심과 연결되는 에니어그램의 유형은 8번 '리더'형입니다. 건강한 8번은 자기절제를 할 줄 압니다. 용기가 있어 영웅적이며 자기의견을 분명히 밝힐 줄 압니다. 그리고 자신감과 더불어 강한 힘도 갖고 있습니다. 타고난 리더인 이 유형의 사람들은 그들이 갖고 있는 결단력과 권위로 따르는 사람들을 보호하기 때문에 사람들에게 감동을 줍니다.

드라마로 방영되었던 〈대조영〉은 이러한 리더십의 좋은 본보기가

인간을 아름답게 하는 힘, 미덕

됩니다. 작가가 의도했는지 아닌지는 알 수 없지만 대조영의 모습에서 예수님과 닮은 부분들을 많이 발견할 수 있었습니다. 대조영은 태어날 때부터 왕이 될 운명을 갖고 태어났고, 그로 인해 엄청난 핍박과 고난을 받게 됩니다. 타고난 리더십의 소유자였던 그를 많이 사람들이 따랐습니다. 대조영은 고난을 겪으면서도 좌절하지 않았고 자신의 목표를 위해 유치한 모략을 쓰지 않았으며 아주 지혜로웠습니다. 게다가 사람들을 배려하고 자기 사람들을 끝까지 믿어 주었을 뿐만 아니라 적이라도 자기 수하에 들어오면 품어 주었습니다.

그러나 건강치 못한 8번은 매우 공격적이고 잔혹한 폭군의 성향을 드러냅니다. 자신에 대해서 과대망상적인 생각을 하기 때문에 자신을 넘볼 수 있는 사람은 없다는 지나친 자신감을 갖습니다. 더 안 좋은 것은 자기 뜻에 맞지 않는 사람들은 가차없이 없애 버린다는 사실입니다.

일그러진 통솔심을 대표하는 예로 사울이 있습니다. 그는 다윗을 도와준 제사장들과 그들의 일가족을 죽일 정도로 다윗에 대한 분노감, 증오심, 경쟁심, 질투심, 두려움과 열등의식에 사로잡혀 있었습니다.

인간을 지정의로 표현할 때 8번은 의지와 밀접한 관계가 있는 내장內臟 유형입니다. 2, 3, 4번은 감정과 관련성이 높은 심장 유형이고 5, 6, 7번은 이성과 관련성이 있는 머리 유형들입니다. 내장 유형에는 8, 9, 1번이 해당되는데 8번은 의지를 과도하게 표현하는 경향이 있습니다. 1번 개혁자형은 의지를 간접적으로 또는 좀 덜 표현하는 경향이 있는 반면, 9번은 의지를 표현하는 데 있어서 가장 어려움을 겪는 유형입니다.

의지 대신에 주변 환경과의 관계로 설명할 수도 있습니다. 주변 환경에 적응하는 방식에 있어서 8번은 환경을 지배함으로써 관계를 맺습니다. 1번은 환경을 가능하면 완벽한 곳으로 만들려고 하고, 9번은 가능하면 환경과 조화를 이루는 방식으로 관계를 맺습니다.[23]

리소는 리더들은 주로 외향성에 직관성을 띤 사람이라고 지적합니다.[24] 외향성의 사람은 사람들과 어울릴 때 에너지를 얻습니다. 직관성의 사람은 새로운 것과 가능성을 추구합니다. 현재는 모든 데이터를 다 갖고 있지 않다 하더라도 비전을 품고 모험을 시도합니다. 따라서 외향성과 직관성을 가진 리더들은 일반 사람들이 해내지 못하는 일을 성취하는 능력이 뛰어납니다.

"나는 다스려야 한다"

건강치 못한 8번이 스트레스 상황에 처하면 건강치 못한 5번의 특성을 드러내기 시작합니다. 그것은 바로 편집증 증상입니다. 리더가 흔히 부딪히는 문제는 외로움입니다. 외로움이 편집증과 연결되면 주변 사람들을 의심하여 적으로 간주하기 시작합니다. 그들을 자신의 자리를 위협하는 존재로 인식합니다. 그렇게 되면 신뢰가 무너지면서 불신과 의심, 그리고 불안이 그 사람을 지배하게 됩니다.

이것은 병든 8번인 사울 왕이 건강한 8번 다윗과의 관계에서 겪은

인간을 아름답게 하는 힘, 미덕

갈등에서 선명하게 나타납니다. 사울은 자신의 아들 요나단조차 믿지 못했고, 다윗을 도운 제사장과 그에 속한 일가족을 모두 학살하는 잔인무도한 행동을 저질렀습니다. 충성을 다하는 다윗을 죽이려고 중독에 걸린 사람처럼 인간사냥을 했습니다. 후고구려를 건국한 궁예가 사용한 관심법도 그가 점점 정신적으로 황폐해지면서 나타난 편집증이라는 광기에서 나온 것이었습니다.

8번이 건강함을 유지하고 성숙하려면 2번이 가진 자질이 가장 필요합니다. 즉 자신을 따르는 사람들을 진정으로 도우면서 그들에게 힘을 실어주는 자가 되는 것입니다. 무조건적인 사랑을 베풀고 따르는 한 사람 한 사람을 소중히 여기며 인격적으로 대한다면 8번이 간과할 수 있는 부분을 잘 보완할 수 있습니다.

8번 유형의 사람들은 날개인 7번이나 9번을 보완적으로 갖고 있습니다. 7번의 요소를 잘 활용하는 8번은 사람들을 인도하는 과정에서 폭 넓은 시각과 관심을 갖습니다. 여러 영역에 대해 폭 넓은 지식과 정보를 확보하여 자칫 한 면만 볼 수 있는 자신의 시각을 교정합니다. 9번을 날개로 갖는 8번은 갈등을 해소하며 중재하는 능력을 사용하는데 이때 무력이 아닌 대화와 중재를 통해 사람들을 통솔합니다.

콤플렉스를 극복하고 건강한 리더로 거듭난 입다

암몬과 전쟁하는 위기 속에서 입다는 역사의 무대에 등장합니다. "누가 먼저 나가서 암몬 자손과 싸우겠느냐? 그 사람이 길르앗에 사는 모든 사람의 통치자가 될 것이다." 삿 10:18 입다는 자청하여 나서는 대신 하나님의 때까지 기다릴 줄 아는 리더였습니다. 길르앗의 장로들이 입다를 왕으로 초청하였을 때 입다는 그들의 마음을 시험했습니다. 단순히 자신을 이용하기 위해서인지 정말 자신을 지도자로 삼을 뜻이 있는지 확인하기 위한 지혜로운 행동이었습니다.

입다는 자신을 첩의 자식이라고 무시하며 쫓아낸 과거의 아픈 상처에 집착하지 않았습니다. 대신 장로들의 약속을 믿고 동족에게 돌아가 그들의 군대 장관과 지도자로서 봉사했습니다. 그는 과거의 상처를 딛고 일어서서 가해자들을 용서하며 적극적으로 도와주는 성숙한 인간성을 드러냈습니다. 입다는 매우 건강한 리더로서 자기관리를 잘하며 사람들에게 감동을 주고 결단력이 강했습니다. 또한 인내할 줄 알며 자신의 때를 기다릴 줄 아는 사람이었습니다. 비록 충동적으로 잘못 서원하였다고 할지라도 하나님 앞에서 약속한 것을 신실하게 지켰던 입다는 이스라엘 후손들에게 정치적, 군사적 영웅이자 신앙적 영웅이었습니다.

－이관직 『성경인물과 심리분석』 중에서

🐾 건강한 통솔심 만들기 프로젝트

목자의 정체성을 확립하라_ "너희 중에 있는 하나님의 양무리를 치되"^{벤전 5:2}라고 번역된 구절을 NIV 성경에서는 "be shepherds of God's flock that is under your care"라고 되어 있습니다. 즉 목자가 되라는 것입니다. 성경에 계시된 선한 목자의 자질과 사명의식을 철저하게 가지는 것이 매우 중요합니다. 그래야 자신의 돌봄을 받는 사람들에게 하나님의 뜻에 부합하는 통솔력을 발휘할 수 있습니다. 삯꾼이 아닌 목자임을 인식할 때 자신의 정체성에 일치하는 통솔심을 갖게 될 것입니다.

하나님의 양무리임을 항상 명심하라_ 교회 공동체뿐만 아니라 가정, 직장, 학교, 사회, 국가 모두가 하나님께 속한 것이며 하나님의 양무리입니다. 그들은 하나님께 소속된 양무리이기 때문에 내 마음대로 통솔할 수 있는 대상이 아닙니다. 양무리의 주인이 하나님임을 인식할 때 두렵고 떨리는 마음으로 통솔할 수 있습니다. 양무리는 목자에게 위임된 것입니다. 위임받은 것에 대하여 하나님의 심판대 앞에서 회계해야 할 책임이 있음을 인식할 때 건강한 마음으로 통솔심을 발휘할 수 있습니다.

하나님의 뜻을 좇아 통솔하라_ 베드로 사도는 "오직 하나님의 뜻을 좇아" 양무리를 치라고 권면합니다.벧전 5:2 하나님의 선하시며 기뻐하시며 온전하신 뜻이 무엇인지 분별하며롬12:2 참조 통솔심을 발휘할 때 양무리를 의의 길로 인도할 수 있습니다.

구약의 발람 선지자는 하나님의 뜻을 알면서도 자신의 탐욕을 제어하지 못했습니다. 그는 어그러진 길로 가다가 결국에는 심판을 받는 불행한 선지자가 되고 말았습니다. 모세는 광야 생활 40년 동안 이스라엘 백성들의 목자가 되어 목양할 때 언제나 하나님의 뜻을 분별하며 좇았습니다. 어려운 일이 있을 때마다 그는 하나님 앞에 엎드려 간구했습니다.

자원함과 즐거운 뜻으로 통솔하라_ 어쩔 수 없어서 지도자가 되거나 수동적으로 리더의 직책을 맡는 태도는 하나님이 기뻐하시지 않습니다. 그런 리더십으로는 사람을 변화시킬 수 없습니다. 하나님은 자원함과 즐거운 마음으로 헌금하는 자를 기뻐하십니다. 마찬가지로 하나님의 부르심에 기꺼이 응답하며 통솔력을 발휘하는 자를 기뻐하십니다.

인간을 아름답게 하는 힘, 미덕

선한 동기를 갖고 통솔하라_ "더러운 이를 위하여"라는 표현은 불순한 여러 동기들을 다 포함하는 것입니다. 자신이 가진 의식적 동기와 무의식적 동기를 정확하게 인식하는 것은 리더의 선결 조건입니다. 불순한 동기가 통솔심 전체를 차지하지 않도록 주의하는 사람만이 건강하게 통솔력을 행사할 수 있습니다. 낮은 자존감에서 생겨난 인정 욕구나 가난으로부터 벗어나기 위하여 탐욕을 부리는 것과 같은 모습으로 공동체를 이끌어서는 안 됩니다. 그런 사람은 자신조차 제대로 조절하며 통솔할 수 없기 때문에 하나님의 양무리를 제대로 감독하거나 지도할 수 없습니다.

주장하는 자세를 취하지 말라_ 예수님이 보여 주신 통솔심은 권위주의적으로 다스리거나 억압하며 위협하는 모습이 아니었습니다. 그는 제자들의 발을 씻기심으로 섬기는 통솔심의 모범을 보여 주셨습니다. 그리고 "너희 사이에서 위대하게 되고자 하는 사람은 누구든지 너희를 섬기는 사람"이 되어야 한다고 가르치셨습니다.마 20:26

목자장의 지도를 계속 받으라_ 목자장의 통솔을 받을 때 목자는 제대로 보고 듣고 가르치며 먹일 수 있습니다. 이사야의 고백처럼 "주 하나님께서 나를 학자처럼 말할 수 있게 하셔서, 지친 사람을 말로 격려할 수 있게 하신다. 아침마다 나를 깨우쳐 주신다. 내 귀를 깨우치시어 학자처럼 알아듣게 하신다"사 50:4라고 고백하는 자는 양무리를 지식과 명철로 인도하는 통솔력을 갖게 될 것입니다. 주님과 인격적으로 만나며 말씀을 묵상하며 기도하는 자는 그 통솔하는 길에서 좌로나 우로나 치우치지 않는 균형 감각을 유지할 수 있습니다.

통솔심을 가진 당신을 위한 격려

리더의 길은 외롭고 고통스럽습니다. 때로는 사람들로부터 인정받지 못하고 오히려 오해를 받을 수도 있습니다. 대부분의 리더들은 이름도 없이 빛도 없이 섬기다가 주님의 부름을 받습니다. "그는 흥하여야 하고, 나는 쇠하여야 한다"요 3:30고 말했던 세례 요한처럼 겸손히 자신을 낮추며 맡겨진 양무리를 통솔하는 자세가 필요합니다.

당신은 늘 빠르게 앞서 나가기 때문에 주변 사람들은 지레 기가 질릴 수 있습니다. 당신이 조금만 더 천천히 행동한다면 다른 사람들이 주도권을 갖고 일할 수 있을 것입니다. 그러면 그들은 좀 더 역량을 갖추고 위기 상황에서도 지혜롭게 대처하는 방법을 배울 수 있습니다.

당신은 누군가 어리석은 행동을 할 때 참기가 힘들 것입니다. 게다가 자신의 행동에 책임지지 않는 사람은 더 질색이겠지만 누구나 때로는 바보가 될 수 있다는 사실을 기억하면 좋겠습니다. 리더에게는 다른 사람의 어리석은 모습까지 받아들일 수 있는 넓은 마음이 필요합니다.

마지막으로, 여유를 가지십시오. 당신은 일하는 것을 좋아하고 몰두하는 편이기 때문에 일과 휴식을 잘 분배해야 합니다. 당신이 여유를 가질 때 함께 일하는 사람들도 여유를 갖고 즐겁게 일할 수 있다는 사실을 기억하십시오.

9

평화롭고 건강한 삶의 기초석, 평안심

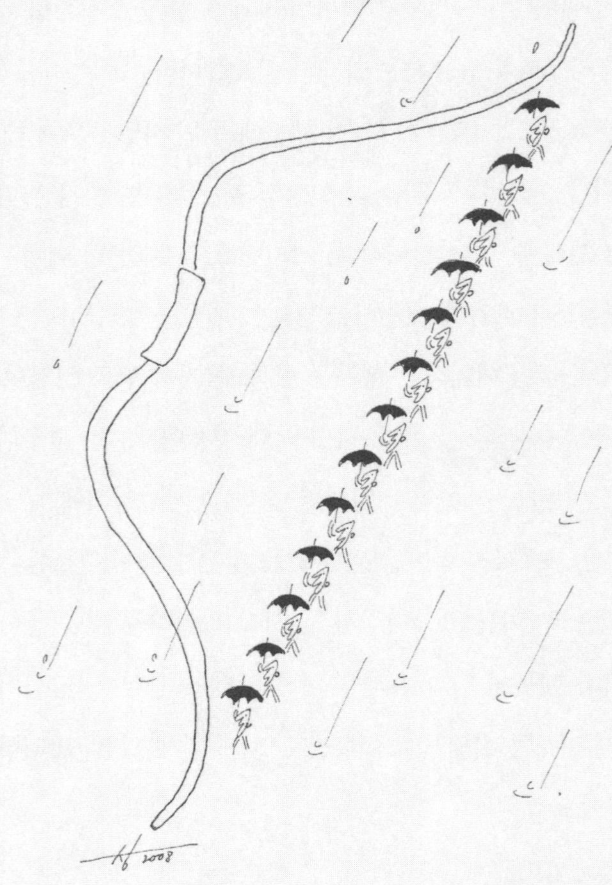

하나님께 영혼의 닻을 깊게 내리면 폭풍우 속에서도 평안할 수 있습니다.

평안심을 가진 사람들의 특징

□ 포용적이고 협조적이다.

□ 세부 사항에 관심을 두면서도 전체 맥락을 파악하고 있다.

□ 갈등을 회피한다.

□ 주장을 하지 않는다.

□ 일을 잘 미룬다.

□ 안정되지 못한 분위기는 싫다.

□ 인간관계를 오래 지속시킨다.

□ 압박을 받으면 소극적인 공격 성향을 드러낸다.

□ 흥분하는 일은 그다지 없다.

□ 낭패를 당하는 일은 그리 많지 않다.

□ 대부분 가장 장애물이 없고 무난한 길을 택한다.

□ 사람들의 흥분을 가라앉히기 위해 상대방에 맞춰 행동하려 한다.

*** 이들의 주요 관심사**

나를 포함해서 모든 사람들의 의견이 반영되고 있는가?

아무것도 염려하지 말고,

모든 일을 오직 기도와 간구로 하고,

여러분이 바라는 것을 감사하는 마음으로 하나님께 아뢰십시오.

그리하면 사람의 헤아림을 뛰어넘는 하나님의 평화가

여러분의 마음과 생각을 그리스도 예수 안에서 지켜 줄 것입니다.

빌립보서 4장 6-7절, 표준새번역

보통

평안심이라는 단어는 잘 사용하지 않지만 여기서는 평안심을 '평안을 원하며 평안을 사랑하는 마음'이라고 정의해서 사용하겠습니다. 영어로 peace라는 단어와 히브리어로 샬롬shalom 이라는 단어는 평안, 안녕, 화평 또는 평화를 의미합니다. 우리나라 사람들이 흔히 사용하는 "안녕하십니까"라는 인사에 해당하는 유대인들의 인사는 "샬롬"입니다. 평안의 한자어는 평평할 平자에 편안할 安자로 이루어졌습니다. 개역성경에서는 종종 평강이라는 단어가 사용되는데 이것은 평화롭고 건강한 삶을 의미합니다.

평안의 반대는 불안입니다. 모든 인간에게는 불안의 요소가 있습니다. 불안하기 때문에 자기를 지키고 외부의 공격에 방어하기 위해 각

자에게 유리한 방어기제를 사용하여 타인을 공격하는 것입니다. 그것이 다툼이 되고, 전쟁으로 이어집니다.

평안심은 개인의 내면 상태를 의미합니다. 평안한 내적 상태가 기초가 되어 가족을 포함한 타인들과의 관계, 더 나아가 주변 환경과 국가 및 생태 환경과 조화를 유지하며 살게 됩니다. 우리의 내면에서 평안심 또는 화평심을 잃어버릴 때 심리적 갈등이 끊임없이 일어납니다. 그리고 불안과 분노와 같은 감정들이 우리의 내면세계를 지배해 버립니다. 더 나아가 외부 환경에 대해서도 불안과 분노와 두려움에 휩싸여 이웃 사랑을 실천하기 어렵게 됩니다.

이 세상에 평화주의자가 많다면 싸움은 그만큼 줄어들 것입니다. 서로 이해하고 웬만하면 넘어가기 때문입니다. 성령의 열매로 평안심을 표현한다면 온유가 가장 적당합니다. 온유한 자는 땅을 기업으로 받는다는 말씀도 있듯이 이 세상에 온유한 사람이 많아지면 좀 더 살만한 세상이 될 것입니다.

깨어진 샬롬의 회복

하나님이 세상을 창조하시기 전 "땅이 혼돈chaos하고 공허하며 흑암이 깊음 위에"창 1:2 있었지만 하나님이 말씀으로 천지창조를 시작하시면서 세상에는 질서가 잡히기 시작했고 하나님이 보시기에 좋은 샬롬의 세상이 되었습니다. "하나님이 손수 만드신 모든 것을 보시니, 보시기에 참 좋았다"라고 표현된 것처럼 세상은 평안이 깃든 곳이 되었습니다. 창 1:31 참조 그 중에서도 에덴동산은 아름다움과 자유와 평화가 있는 샬롬의 환경이었습니다. 그리고 아담과 하와에게는 '품어 주는 환경'이었습니다. 생태학적으로 샬롬이 있었으며 수치심이나 죄책감 또는 두려움이 전혀 없는 은총의 환경이었습니다.

그러나 죄가 들어오면서 이 샬롬은 깨어졌고 아담과 하와는 에덴동산에서 추방되었습니다. 여자에게는 잉태하는 고통이 크게 더하게 되었으며 땅은 저주를 받았습니다. 인간은 종신토록 수고해야만 그 소산을 먹을 수 있게 되었습니다. 더 나아가 인간은 흙으로 돌아가는 죽음을 경험해야 하는 존재가 되어 버렸습니다. 죄와 죽음, 고통과 병이 깃든 세상이 되었습니다. 하나님과 인간은 서로 원수가 되며 나쁜 대상관계를 맺게 되었습니다. 하나님과 인간 사이에 평화가 깨어지고 말았습니다.

죄의 결과는 바로 아담과 하와의 자손에게서 나타났습니다. 가인은 동생 아벨을 살해하여 피를 흘리는 죄를 범했습니다. 하나님과 인간에 대한 평화가 깨어진 것은 노아의 홍수 사건에서 더 분명하게 드러났습니다. 하나님은 죄악이 가득한 세상과 사람의 생각에 악한 것들만 가득함을 보시고 한탄하고 근심하셨습니다. 그 결과 노아의 가족과 남겨진 생축 외에는 모두 죽는 심판을 당했습니다. 그러나 하나님은 은혜를 베푸시고 무지개 언약으로 다시는 모든 생물을 홍수로 멸하지 않겠다는 평화의 언약을 맺으셨습니다.

하나님은 아브라함을 선택하여 부르시고 언약을 맺어 하나님과 화목하는 길을 열어 주셨습니다. 이삭과 야곱 그리고 요셉에게 은혜를 베푸셨습니다. 애굽에서 번성하게 된 야곱의 후손들이 종살이를 하고 있을 때 그들의 부르짖는 소리를 들으시고 마침내 모세를 통하여 출애굽의 대역사를 시작하셨습니다. 그리고 출애굽한 이스라엘과 광야에서 언약을 맺으시고, 율법과 제사제도를 통하여 하나님과 평화할 수 있는 길을 열어 주셨습니다. 대제사장이 이스라엘과 하나님 사이에서 중보자의 역할을 함으로써 이스라엘 백성들이 샬롬을 경험할 수 있게 했습니다. 성막을 통해 하나님의 임재를 체험하게 하시며 그들을 불기둥과 구름기둥으로 인도하심으로서 광야에서 샬롬을 경험하도록 하셨습니다.

드디어 약속의 땅 가나안에 들어가 가나안의 나라들을 멸망시키고 기업을 얻는 샬롬을 선물로 주셨습니다. 다윗 왕을 통하여 예루살렘에 성전을 건축하고자 하는 열망을 주시고, 그의 아들 평화의 왕 솔로몬을 통해 성전을 건축하게 하셨습니다. 그리고 영원한 제사장이자 중보자로서 죄의 문제를 단번에 해결해 주실 예수 그리스도를 우리에게 보내셨습니다.

예수 그리스도는 평화의 왕으로 이 땅에 오셨습니다. 그는 십자가 고난과 죽음을 친히 당하심으로 영원한 속죄물이 되셨습니다. 그는 죄와 죽음의 문제를 해결해 주셨습니다. 그리고 우리에게 예수 그리스도 안에서 얻는 영생과 참 평강의 길을 열어 주셨습니다. 그는 잠정적인 평안에 매달리던 인간들을 영원한 평화의 삶으로 초청하고 계십니다. 길이요 진

인간을 아름답게 하는 힘, 미덕

리요 생명이 되시는 예수 그리스도를 믿음으로 얻는 구속의 은총을 베푸
셔서 하나님과 화목하게 된 자녀로 우리를 불러 주셨습니다.

더 나아가 예수 그리스도는 친히 교회의 머리가 되셨습니다. 그리
고 서로 다른 지체들이 유기적으로 화합하며 연결되어 샬롬을 누리도록
하십니다. 영원한 심판의 형벌로부터, 죄의 사슬로부터, 중독으로부터
해방된 삶을 살 수 있도록 평안의 복음을 선포하십니다.

우리는 영원한 샬롬의 공동체, 종말론적인 하나님의 나라를 소망
하는 존재입니다. 참 샬롬이 없는 이 세상 가운데서 뜻이 하늘에서 이루
어지는 것같이 땅 위에서도 이루어지기를 기도하며 사는 사람들입니다.
그 나라가 임하면 우리는 하나님이 "하나님께서 그들과 함께 계실 것이
요, 그들은 하나님의 백성이 될 것이다. 하나님께서는 친히 그들과 함께
계시고, 그들의 눈에서 모든 눈물을 닦아 주실 것이니, 다시는 죽음이 없
고, 슬픔도 울부짖음도 고통도 없을 것이다. 이전 것들이 다 사라져 버렸
기 때문이다" 계 21:3b-4 라는 말씀이 성취되는 것을 보게 될 것입니다.

이 시대에 필요한 피스 메이커

평안은 능력감이나 자신감과 밀접한 관계가 있습니다. 불안이나
위기에 대처할 수 있는 능력과 자신이 있는 사람은 불안, 염려, 걱정, 근
심, 두려움을 덜 경험합니다. 그런 의미에서 신앙은 평안을 유지하는 데

핵심적인 역할을 합니다. 살아 계신 하나님이 도와주시며 능력 주시는 것을 체험하는 크리스천은 염려와 걱정으로부터 자유로울 수 있습니다. 예수님께서도 "너희의 하늘 아버지께서는 이 모든 것이 너희에게 필요하다는 것을 아신다"마 6:32라고 말씀하시며 "내일 일을 걱정하지 말아라. 내일 걱정은 내일이 맡아서 할 것이다. 한 날의 괴로움은 그 날로 족하다"마 6:34라고 이 사실을 확인시켜 주셨습니다.

공포증, 외상 후 스트레스 장애, 범불안장애, 공황장애, 강박증과 같은 불안장애를 가진 사람들은 평안을 유지하기가 매우 어려울 뿐만 아니라 세상을 살아갈 때 다른 사람들이 이해하기 힘든 고통을 겪습니다. 이러한 심각한 불안증을 치료하는 데 여러 방법들이 있습니다. 그 중 하나가 바이오피드백biofeedback입니다. 불안이 엄습해 올 때 깊은 숨을 들이쉬고 내뱉으면서 심장 박동수를 낮추고 마음의 안정을 되찾는 방법입니다. 스스로를 달랠 수 있는 심리적 능력과 성숙, 그리고 스스로를 북돋아 더 나은 상태로 향상시킬 수 있는 능력은 평안심을 유지하는 매우 중요한 요소입니다.

평안심을 퍼센트로 표시한다면 높은 퍼센트의 평안심을 소유한 사람은 성격이 건강하게 잘 발달된 사람이라고 말할 수 있습니다. 이들은 아기 때부터 부모의 '품어 주는 환경'을 적절하게 경험했을 가능성이 높습니다. 이 세상에 태어나 관계를 맺는 첫 대상인 엄마와 아빠로부터 공감과 지지, 안정과 따스함을 적절하게 경험했을 때 아이는 불안과 분노로부터 좀 더 자유로운 사람으로 성장합니다. 만약 엄마 뱃속에서부터 불안을 경험했다든지, 낙태의 위협을 받았다든지, 부모의 갈등이 심한 가정환경에서 자랐다든지, 부모 중의 한 분이 일찍 죽거나 별거 또는 이혼을 했다면 그 자녀는 평안심을 제대로 경험하지 못한 채 자라게 됩니다. 따라서 마음은 원하지만 평안심을 잘 유지하지 못하는 성격을 가진 사람이 될 가능성이 높습니다.

평안심의 흑과 백_ 평안심과 밀접한 관계에 있는 에니어그램 유형은 9번 '평화주의자' Peacemaker 형입니다. 건강한 9번은 수용력이 있고 개방적인 것이 특징입니다. 이들은 감정적으로 안정적이며 평화를 추구하며 삶을 편하게 살아가려고 합니다. 순수함을 추구하며 사람을 편안하게 대합니다. 그리고 공동체에서 조화와 균형을 이끌어내는 자질을 갖고 있습니다. 9번은 타인들의 갈등을 잘 중재하며 조정하는 능력을 갖고 있습니다. "주여 나를 평화의 도구로 써주소서"라고 기도했던 성 프란치스코처럼 9번들이 존재함으로 가정과 교회와 사회, 국가는 갈등과 전쟁을 피할 수 있습니다.

일반적인 부류의 9번은 타인들에게 적응하려고 합니다. 그래서 순응적이며 자기의사표현을 분명히 하지 못합니다. 이들은 보수적이며 변화를 두려워합니다. 갈등이 생길 때 직면해서 대처하지 못하기 때문에 갈등과 문제점을 축소하거나 덮어 버리려고 합니다. 그리고 자신이 보기 싫은 부분에 대해서는 눈을 감아 버립니다.

이 부류의 사람이 부부싸움을 하게 되면 갈등을 무마하기 위해 자신의 잘못이 아닌데도 불구하고 자기가 잘못한 것으로 사과하고 용서를 비는 행동을 보입니다. 9번 유형의 사람들은 결혼생활에서 갈등이 생길 경우 큰소리를 내지 않고 참습니다. 갈등 자체를 싫어하고 회피합니다. 문제는 갈등을 자꾸 회피하거나 억압하면 상대방을 답답하게 만들 수 있으며, 자신도 참다가 한계에 부딪히면 1번 날개의 요소인 분노를 폭발하여 상대방에게 상처를 입힐 수 있습니다. 그래서 9번 유형은 갈등 상황에서 생겨나는 분노라는 감정을 적절하게 인식하며 다루는 노력이 필요합니다.

또한 이들은 삶에 대해서도 관조적이고 운명론적인 태도를 취합니다. 쉽게 포기하거나 양보하는 태도를 유지하기도 합니다. 일반적인 9번은 노력은 하지 않고 마냥 문제가 해결되기를 바라고 기다리는 경향이 있습니다.

"나는 평안해야 한다"

건강하지 못한 9번에게서는 무기력한 모습과 고집스러움이 있습니다. 심지어 문제와 갈등이 존재한다는 것을 고집스러울 정도로 부인하기도 합니다. 이들은 자신을 필요로 하는 사람들, 대표적으로는 가족까지 심각하게 방치하며 무책임하게 대합니다. 문제가 지속될 때에는 신경을 아예 꺼버림으로써 감정적인 와해와 성격 파탄이 일어날 수도 있습니다.

인간을 아름답게 하는 힘, 미덕

평안 또는 평화를 유지하기 위해서 9번이 대표적으로 사용하는 방어기제는 억압입니다. 평안과 안정을 위협하는 두려움이나 불안, 분노를 표현하는 대신 안으로 삭힙니다. 때로는 자신이 분노를 억압하고 있는지조차 인식하지 못할 수 있습니다. 또 다른 방어기제는 회피입니다. 내면적으로나 대인관계에서 생기는 갈등을 회피하는 것입니다. 특히 불안한 상황을 직면하는 대신 회피하는 경향이 높습니다. 이같은 방어기제를 자주 사용하다 보면 여러 가지 증상이 나타납니다. 대표적으로는 탐식, 중독, 과도한 수면이 여기에 해당합니다. 대인관계에서도 자폐적인 모습을 보입니다. 이렇게 될 경우 자신의 진정한 내면의 모습을 사람들에게 잘 노출하지 않으며 다른 사람들을 필요로 하는 의존심도 잘 느끼지 못합니다.

9번의 양쪽 날개에 해당하는 8번 리더형과 1번 개혁자형의 장점인 리더십과 정의감을 잘 사용할 때 평화주의자의 약점이 보완될 수 있습니다. 개혁자형의 에너지인 분노를 억압하는 대신 적절하게 표현하면 건강한 평화주의자가 될 수 있습니다. 그리고 군림하거나 정복함으로써 리더십을 발휘하는 대신 가능하면 평화를 도모하는 리더십을 발휘함으로써 성령의 열매인 화평의 열매를 건강하게 맺는 평화주의자가 될 수 있습니다.

신학대학원생들을 가르치는 입장에서 볼 때 많은 신대원생들이 9번이라는 사실이 흥미롭습니다. 목양이라고 하는 이미지 자체가 평화롭고 목가적인 것을 연상케 하는 것이어서 그런지 모르지만 다른 유형에 비해 9번이 두드러지게 많습니다. 리더십도 적절하게 발휘하며 변화와 개혁을 적절하게 시도하면서도 맡은 지역교회를 전체적으로 평화롭게 목회하는 것이 9번에게 잘 맞는 사역이라고 생각합니다.

그러나 건강치 못한 9번이 목회자가 될 때 교회는 고통을 당할 수 있습니다. 교회 내에서 갈등이 있거나 불안한 상황이 벌어지면 목회자는 그 불안을 직면하고 뚫고 나가는 용기와 능력이 필요합니다. 그런데 건강치 못한 9번은 갈등을 임기응변식으로 대처하려고 하거나 무마하려고 하기 때문에 교회 전체가 고통을 겪을 수 있습니다.

심각한 죄에 빠져 있는 유다 백성들의 상처를 제대로 진단하고 수술하려는 대신 겉에만 약을 바르고 붕대로 감고는 "평안, 평안"을 외쳤던 거짓 선지자들은 병든 9번이었을 가능성이 매우 높습니다. 현상 유지에 급급하며 그들이 누리고 있던 지위와 권리를 유지하기 위해 심각한 모습을 애써 부인하며 인식하지 않았던 그들에게서 모습에서 병든 9번의 모습을 볼 수 있습니다.

9번이 성숙하려면 3번의 장점을 추구하는 것이 좋습니다. 평화를 유지하기 원하는 사람은 현상 유지에 만족하는 경향이 있습니다. 따라서 9번은 보다 구체적이며 뚜렷한 비전과 목표의식을 갖고 능동적이며 진취적으로 노력하는 적극적인 자세가 필요합니다.

9번이 위기에 처하거나 스트레스를 받으면 6번의 단점을 증상으로 드러내기 시작합니다. 이들은 평화를 유지하기 위해서 병적인 관계에 충성하거나 의존하려고 할 수 있습니다. 더 큰 싸움으로 번질까봐, 또는 이

인간을 아름답게 하는 힘, 미덕

혼 당할까봐 남편이 폭력을 휘두르는데도 불구하고 자신의 목소리를 내지 못하며 여전히 결혼관계를 유지하려고 애쓰는 아내들의 모습에서 전형적으로 나타납니다.

9번은 안정성이라는 사회적 가치를 지향합니다. 이들은 감정적으로나 관계면에서 안정을 추구합니다. 감정의 기복이 심하거나 대인관계에서 불안정한 모습을 별로 보이지 않습니다. 따라서 양육자로서 품어주는 환경을 제공하는 데 적절한 사람으로 자리매김할 수 있습니다.

이삭은 온유한 사람입니다. 사회생활과 대인관계에서 그는 갈등과 긴장 상황이 벌어졌을 때 이를 회피하는 성향을 강하게 드러냈습니다. 자신의 종들이 판 우물을 블레셋 사람들과 그랄의 목자들이 메웠을 때도 이삭은 그들에게 대항하는 대신 그 우물을 포기하고 새 우물을 팠습니다. 그리고 새 우물을 그들이 또 메우면 그는 또 다른 우물을 새로 팠습니다. 그는 무저항적인 평화주의자였습니다. 어떤 대가를 지불하더라도 평화를 유지하려는 강한 내적 욕구를 갖고 있었습니다.

이삭은 아버지 아브라함과 아들 야곱 사이에 낀 세대로서 아브라함이나 야곱과는 달리 자기 색깔을 분명하게 드러내지 못하고 큰 문제도 만들지 않았던 인물이었습니다. 이것이 그의 장점이기도 했지만 동시에 약점이기도 했습니다. 이는 큰 아들 에서가 부모의 의사와 상관없이 헷족속의 딸을 아내로 맞이했을 때에도 잘 드러났습니다. 이때 이삭은 마음에 근심만 했을 뿐이지 구체적으로 아들을 꾸짖은 권위 있는 아버지로서의 모습을 드러내지 못했습니다.

—이관직 『성경인물과 심리분석』 중에서

🌿 건강한 평안심 만들기 프로젝트

통독으로 진정한 웰빙의 삶을 추구하라_ 하나님과 원수 된 삶에는 진정한 평안이 없습니다. 하나님이 기뻐하지 않는 삶을 살며 죄를 짓게 되면 그 마음에 평안이 사라집니다.

거지 나사로와 부자의 비유를 보면 부자는 이 세상에서는 평안한 삶을 살았습니다. 몸도 건강했고 재산도 많았기 때문에 불안이라는 것을 모르고 살았습니다. 하지만 이러한 현세적인 평안함이 영원한 평안을 경험하는 데 걸림돌이 된다는 사실을 그는 몰랐습니다. 그러나 거지 나사로는 비록 현세에서는 소위 웰빙의 삶을 살지 못했지만 죽어서는 아브라함의 품에 안겨 평안을 누렸습니다. 우리가 웰빙을 위해 좋은 음식을 취해 먹는 것처럼 우리 영혼의 웰빙을 위해 하나님의 말씀은 물론 하나님과 하나님 나라에 관한 좋은 책을 많이 읽으십시오. 통독의 습관을 들인다면 진정한 웰빙의 삶을 사는 데 도움이 될 것입니다.

하나님의 말씀을 사랑하라_ 눈에 보이지 않고 귀에 아무런 소리도 들려주시지 않는 하나님을 무작정 신뢰하기란 어렵습니다. 감사하게도 하나님은 우리에게 하나님을 볼 수 있고 하나님의 음성을 들을 수 있는 성경 말씀을 주셨습니다. 성경을 통해 하나님을 대면하게 되면 불안하던 마음이 어느새 평안한 마음으로 바뀌는 것을 체험할 수 있습니다. 그래서 성 아우구스티누스의 "주를 찾기까지는 내 영혼에 쉼이 없습니다"라는 고백에 고개를 끄덕이게 됩니다. 더불어 시편 기자의 노래도 이를 증명합니다. "주의 법을 사랑하는 사람에게는 언제나 평안이 깃들고, 그들에게는 아무런 장애물이 없습니다."시 119:165

기도 노트를 작성하라_ 믿음과 평안은 함수관계에 있습니다. 믿음이 약해지면 불안은 증가하며 평안이 사라집니다. "이 풍랑 인연하여서 더 빨리 갑니다"라는 찬송가 가사가 있습니다. 이처럼 비바람이 치는 것과 같은 어려운 환경 속에서도 믿음의 닻을 하나님께 깊이 내리면 오히려 외부적인 위기와 불안을 믿음의 시각으로 재해석해서 마음을 추스릴 수 있게 됩니다. 두렵기 때문에 믿는 것이 아니라 믿기 때문에 두려워하지 않을 수 있는 것입니다.

기도하면 하나님의 평강이 우리 마음과 생각을 지켜 주신다고 했습니다. 기도 노트를 만들어 그날 기도한 것들을 기록하고 그것의 응답 여부를 체크해 보십시오. 그것이 쌓인다면 위기가 올 때 하나님이 어떻게 행하셨는지를 증거로 삼아 마음을 지킬 수 있을 것입니다.

화목한 가정 분위기를 만들어라_ 팔복 강론 중에서 예수님은 "평화를 이루는 사람은 복이 있다. 그들이 하나님의 자녀라고 불릴 것이다"라고 말씀하셨습니다. 예수님이 화평케 하는 자로 우리에게 찾아오셨고 우리를 화평케 하는 형제자매로 부르고 계십니다.

가장 가까운 이웃은 가족입니다. 가족은 가장 가까운 관계를 맺고 살기 때문에 때로는 원치 않는 상처를 주고받습니다. 별 관계없는 사람들이 주는 상처보다 가족이 주는 상처는 더 깊고 아픕니다. 가족과 화해가 일어나지 않으면 마음에 평안을 누리기 힘듭니다.

가족 간에 편지 쓰는 날을 정하여 서로 서운했던 점이나 오해했던 부분을 이야기하는 방법도 있습니다. 가족 내에서 갈등이나 문제가 생겼을 경우, 편지를 통해 정리된 생각과 감정을 나눈다면 훨씬 화목해질 수 있을 것입니다.

되도록 모든 사람과 평화하도록 힘쓰라_ 바울 사도는 "아무에게도 악을 악으로 갚지 말고, 모든 사람이 보기에 선한 일을 하려고 애쓰십시오. 여러분 쪽에서 할 수 있는 대로 모든 사람과 더불어 화평하게 지내십시오"롬 12:17-18라고 권면합니다. 악에게 지지 말고 선으로 악을 이기라고 평화의 역설적인 힘을 잘 지적합니다. 그는 이어서 "그러므로 우리는 서로 평화를 도모하는 일과 서로 덕을 세우는 일을 힘씁시다"롬 14:19라고 권면합니다.

캔 샌디는 갈등을 중재하며 화해를 성취하려는 피스메이커 사역의 네 가지 원리를 성경에서 찾아내어 우리에게 알려줍니다. "하나님께 영광을 돌리라,고전 10:31 당신의 눈에 들보를 뽑으라, 마 7:5 온유한 태도로 회복시키라, 갈 6:1 가서 화해하라. 마 5:24"[25]

평안심을 가진 당신을 위한 격려

환경에 좌우되는 평안은 불안정합니다. 참된 평안은 예수 그리스도 안에서 하나님과의 확실한 관계를 통해 누릴 수 있습니다.

바울 사도는 이 사실을 다음과 같이 진술합니다. "그러므로 우리는 믿음으로 의롭게 하여 주심을 받았으니, 우리 주 예수 그리스도로 말미암아 하나님과 더불어 평화를 누립니다."롬 5:1 이같이 하나님과의 끊을 수 없는 관계에 영혼의 닻을 깊게 내린 사람은 폭풍우 속에서도 평안을 누릴 수 있습니다.

직장에서 당신이 해야 할 일들이 있습니다. 우선 다른 사람들에게 더 많은 일들을 맡겨 보십시오. 그때 그들이 해야 할 일에 대해 정확하게 이야기하고 그들이 어떻게 해야 할지 방향을 제시해 주어야 합니다. 좀 더 용기를 내어 그들에게 당신의 요구 사항을 이야기해 보십시오. 그러면 당신의 짐도 가벼워질 것입니다.

직장 생활을 하다 보면 당신의 의견에 반대하는 사람도 만날 수 있다는 사실을 인정하면 마음이 훨씬 편안해질 겁니다. 그들은 당신의 의견에 반대하는 것이지 당신 자체를 거부하는 것은 아닙니다. 당신의 아이디어와 생각을 좀 더 많이 이야기해 보십시오. 자신과 반대 입장에 있는 사람과 의견을 조율하면서 함께 일하면 훨씬 친밀감이 높아질 수 있습니다.

아홉 가지 미덕의 완성품, 예수

리처드 로어와 안드레아스 에베르트는 예수님은 에니어그램의 아홉 가지 유형이 가진 모든 미덕을 완벽하게 실천한 분이라고 말합니다.[26] 전적으로 공감가는 말입니다.

예수님은 1번 개혁자이자 교사였습니다. 바리새인들과 서기관들의 외식을 지적하며 마음의 변혁을 촉구하였습니다. 그는 하나님의 나라를 선포하며 땅에 속한 나라에 만족하지 않으셨습니다.

그는 2번 헬퍼로서 병든 자, 고통 당하는 자, 귀신들린 자들의 고통에 공감하며 치료하고 약자들을 도우셨습니다. 그는 분명한 목적의식을 갖고 공생애를 시작하셨고 마침내 십자가 위에서 "다 이루었다"고 말씀하신 3번 성취자의 성품을 가지고 있습니다.

그는 건강한 4번 예술가로서 겉모습이 아닌 내면을 꿰뚫어 보는 눈을 가졌으며 탁월하게 비유를 사용하는 자질을 보이셨습니다. 그는 5번 사상가로서 구약 말씀의 정신을 꿰뚫고 있었으며 어릴 때에도 성전에서 서기관들과 토론을 할 정도로 지혜가 있는 분이었습니다. 그의 가르침은 바리새인들과 서기관들과는 달리 권세가 있었습니다. 그를 시험에 빠뜨리려고 여러 가지 이중구속적인 질문들을 갖고 공격하는 이들에게 지혜롭게 답변하시고 오히려 그들을 궁색하게 만드셨습니다.

그는 건강한 6번 로얄리스트로서 하나님께 끝까지 충성하며 순종하셨습니다. 그리고 그를 따르는 제자들에게 끝까지 신실한 모습으로 대하셨습니다. 심지어 자신을 부인하고 저주했던 베드로에게 다시 찾아가셔서 그를 회복시키기까지 신실하셨습니다. 그는 폭 넓은 관심을 가진 건강한 7번 제너럴리스트이셨습니다. 다재다능하면서도 깊이가 있는 분이었습니다. 그는 많은 사람들의 친구가 되셨고 심지어 당시의 소외 계층인 세리와 창녀들까지 인격적으로 대해 주시며 함께 식사하셨습니다.

그는 건강한 8번 리더였습니다. 제자들에게 "나를 따르라"고 말씀하시고 특별히 열두 명의 제자들을 사도로 세우시고 그들과 함께 거하면서 훈련시키셨습니다. 그는 선생으로서 섬기는 리더십을 보여 주셨고 세상의 리더와 다른 모습으로 제자들에게 도전을 주었습니다. 그는 참 목자로서 양들을 의의 길로 인도하며 광야에서 3천 명, 5천 명에게 기적의 식탁을 베푸셨습니다. 그는 만왕의 왕이었지만 군림하지 않으시고 스스로 낮아진 종의 모습을 통하여 진정한 리더의 본을 보이셨습니다.

그리고 그는 9번 평화주의자로서 하나님과 인간들 사이에서 친히 영원한 대제사장이 되셨습니다. 십자가 위에서 속죄양으로 죽으심으로 죄의 문제를 해결해 주셨습니다. 그리하여 예수를 믿고 십자가의 공로를 의지하는 자들에게 영원한 샬롬을 주셨습니다. 또한 수직적으로는 하나님과 인간을 화목하게 하셨고, 수평적으로는 인간과 인간이 서로 화해하며 용서할 수 있게 해주셨습니다.

이상에서 살펴본 것처럼 예수님은 하나님의 형상을 구체적으로 100퍼센트 구현하셨습니다. 그는 참 하나님이시자 참 사람이셨습니다. 첫 번째 아담은 죄로 하나님의 형상이 훼파되었지만, 두 번째 아담이신 예수님은 하나님의 형상을 구현하셨으며 회복의 길을 열어주셨습니다.

예수님의 형제와 자매로 접붙임 받은 우리는 '그리스도 안에서' 하나님의 형상을 회복할 수 있게 되었습니다. 뿐만 아니라 하나님의 형상을 회복하고 싶은 거룩한 열망을 갖게 된 자들입니다. 에니어그램을 통해 나타난 미덕들을 구체적으로 묵상하며 예수님께서 이같은 모습으로 우리에게 대해 주신 것을 내면화 하는 것이 필요합니다. 막연하게 예수님을 닮고 싶다고 생각하기보다는 각 미덕을 구체적으로 이해하고 자신의 모습과 비교해 본다면 자기 인식과 성숙에 도움이 될 것입니다.

미덕을 위한 기도

로어와 에베르트는 에니어그램을 기도와 연결시켜 세 가지 유형의 기도로 분류합니다.[27] 심장형에 해당하는 2, 3, 4번의 기도는 속에서 밖으로 표현하는 기도이며, 머리형에 해당하는 5, 6, 7번의 기도는 밖에서 안으로 받아들이는 기도이며, 내장형에 해당하는 8, 9, 1번의 기도는 비우며 내려놓는 기도입니다. 세 부류의 기도는 자기 유형의 기도에만 머무르지 않고 다른 형태의 기도를 드림으로써 성장하게 합니다.

미덕들을 에니어그램과 연결해서 기도하는 습관은 우리의 내면 세계에 긍정적인 변화가 일어나게 하는 데 도움이 될 수 있습니다. 저는 다음의 기도로 이 책을 마무리하고자 합니다. 하나님의 속성을 고백하며 우리의 부족함을 채워주시기를 간구하는 내용입니다.

하늘에 계신 우리 아버지, 당신은 공의로우시며 정의를 사랑하시는 분입니다.

우리에게 옳고 그름을 분별할 수 있는 능력을 주소서. 뿐만 아니라 분별하고 실천할 수 있는 용기와 담대함을 주소서. 약자의 편에 서게 하시며 그들을 옹호할 수 있는 정의감을 주소서. 분노를 인식하며 절제하되 정의를 위해서는 건강하게 분노를 표현하는 용기를 주소서. 그러나 분노로 인하여 죄를 짓지 않도록 도와주소서.

예수님, 당신은 죄인들을 긍휼히 여기시며 십자가에 죽기까지 순종하셔서 우리를 구원해 주신 헬퍼 중의 헬퍼이십니다.

우리에게 이웃을 내 몸과 같이 사랑하라고 하신 말씀에 순종할 수 있도록 도움이 필요한 자에 대한 공감력과 긍휼심을 주소서. 다른 사람의 입장에 서서 생각하고, 느끼고, 행동할 수 있도록 자기애성을 치료하여 주소서. 조건 없이 사랑하는 법을 배우게 하소서. 거저 받았으니 거저 줄 수 있는 넉넉한 마음을 주소서.

하나님, 당신은 선한 일을 시작하시고 그 일을 이루시기까지 쉬지 않으시는 분입니다. 분명한 목적을 갖고 온 우주 만물을 창조하시고 다스리시고 섭리하시는 분입니다. 죄가 있는 세상이지만 길이 참으시고 기회를 주시는 분입니다.

우리가 이 세상을 살 때 분명한 소명의식을 갖고 살 수 있도록 도와주소서. 하늘 문에 도달하기까지 우리의 시선을 당신에게서 떼지 않게 하시고 인내하면서 믿음의 여정을 걷게 하셔서 마침내 구원을 이루게 하소서. 위기와 고통 속에서도 인내하는 법을 배우게 하시고 결단코 포기하지 않도록 도와주소서. 목표를 성취하기 위하여 노력하되 진실하게 하시며 과정을 중요시하게 하소서.

삼위 하나님, 당신은 세상을 아름답게 창조하셨습니다. 만물을 통해 하나님의 숨결을 느끼도록 만드셨습니다. 직접 모습을 드러내시거나 우리 눈으로 볼 수 없는 분이시지만 은밀하게 다가오십니다. 우리 한 사람 한 사람을 개성 있게 만드시고 인간을 들에 핀 백합화보다 더 소중하게 보십니다.

우리에게 있는 모습 그대로를 감사하며 받아들일 수 있는 건강한 자존감을 회복시켜 주소서. 하나님의 눈으로 우리 자신을 바라보며 이웃을 바라보는 아름다운 마음의 눈을 허락하소서. 다른 사람들도 나 자신과 똑같이 소중한 사람들임을 볼 수 있게 하소서.

지혜와 명철이 한량없으신 하나님, 당신은 온 우주를 인간이 가히 측량할 수 없는 지혜로 창조하셨습니다. 모든 만물들을 질서 있게 운행하시며 섭리하십니다.

우리에게 하나님을 더 깊이 알고자 하는 거룩한 욕구를 주소서. 하나님이 정하신 질서를 발견하며 탐구하며 연구하는 데서 기쁨을 누리게 하시며 그 지식으로 하나님을 영화롭게 하소서. 하나님이 없다고 부정하는 이 과학주의 시대 가운데서 진정한 과학은 하나님을 아는 것에서부터 출발하는 것임을 담대히 선포하도록 믿음과 용기를 더하소서. 생각만 하고 행동으로 옮기지 못하는 자가 되지 않게 하시고 머리와 가슴, 손과 발이 함께 움직이게 하소서.

신실하신 하나님, 당신은 사랑하시되 끝가지 사랑하시며 믿음을 저버리지 않는 분이십니다. 아들 되신 성자 하나님은 성부 하나님께 끝까지 충성을 다하며 순종하는 모습을 보여 주셨습니다. 충성스러운 대제사장으로서 십자가에 죽기까지 하나님의 뜻에 순종하며 공의를 이루셨습니다.

우리가 신앙의 절개를 잃지 않도록 도와주소서. 하나님에 대한 충성심을 죽는 순간까지 유지할 수 있도록 우리에게 능력을 더해주소서. 더 나아가 우리를 믿고 따르는 가족과 자녀들에게 끝까지 신실한 사람이 되도록 도우소서.

인간을 아름답게 하는 힘, 미덕

희락의 하나님, 당신은 오늘도 죄를 회개하고 주께로 돌아오는 자들을 두 팔로 안으시며 천국 잔치를 이어 가십니다. 신랑이 신부를 기뻐하듯이 허물 많은 우리를 인하여 기뻐하시며 즐거이 노래를 부르십니다.

우리에게 구원의 기쁨을 회복시켜 주소서. 슬픔과 고통이 많은 세상 속에서도 범사에 감사하는 삶을 살 수 있도록 도와주소서. 우리 입술에 찬송이 끊이지 않게 하소서. 우리의 눈을 열어 멀리 보게 하시며 넓게 보게 하셔서 사소한 일에 집착하거나 실망하지 않게 하소서. 세상에서 즐길 줄 아는 여유를 주시되 안락한 것을 추구하며 사는 인생이 되지 않게 하소서.

왕이신 여호와 하나님, 당신은 만유의 주이시며 만왕의 왕이십니다. 주권적으로 우주만물을 다스리십니다. 영원 전부터 영원 후까지 존귀와 권세와 영광이 세세토록 당신께만 있습니다.

우리에게 건강한 리더십을 주소서. 다른 이들에게 힘을 실어주며 이끌어주며 옹호할 수 있는 지도자가 되게 도와주소서. 가정에서는 건강한 부모가 되게 하시고 사회에서 다른 사람들에게 모범이 됨으로써 건강한 리더십을 행사하도록 지혜와 능력을 주소서. 다른 사람들을 이끌되 자기 자신을 늘 주님 앞에서 살피는 삶을 살게 하소서.

평화의 왕이신 하나님, 당신은 우리와 화목하기 위하여 아들 예수 그리스도를 이 땅에 보내셨습니다. 친히 화목 제물이 되셔서 죄를 용서해 주시고 하나님의 자녀라고 우리를 칭하셨습니다. 탕자의 누더기 옷을 벗기시고 아들과 딸의 새 옷을 입혀 주셨습니다.

우리를 평화의 도구로 써 주소서. 분열과 다툼, 시기와 갈등이 있는 곳에서 싸매며 중재하며 회복시키는 평화의 사람이 되게 하소서. 겉으로만의 평화가 아닌 마음 깊은 곳에서부터의 평화를 누리며 사는 사람이 되게 하소서. 우리가 속한 공동체를 평화의 공동체로 만드는 데 빛과 소금으로 사용하여 주소서. 우리가 속한 대한민국이 분열과 상처로부터 회복되게 하소서. 남북한 형제자매들이 화해하며 서로 얼싸안고 춤추는 날이 속히 오게 하소서.

주님 홀로 영광 받으소서. 아멘.

주

1) Donald Capps, *Deadly Sins and Saving Virtues*(Philadelphia: Fortress Press, 1987).

2) 같은 책, 76.

3) Cornelius Plantinga Jr., *Engaging God's World: A Christian Vision of Faith, Learning, and Living*(Grand Rapids, MI: William B. Eerdmans Publishing Company, 2002), 130.

4) 같은 책, 130-131.

5) Larry Kent Graham. *Care of Persons, Care of Worlds*(Nashville, TN: Abingdon Press, 1992), 261.

6) 같은 책, 44.

7) 같은 책, 160.

8) 같은 책, 168.

9) 같은 책, 242.

10) 같은 책, 160 재인용.

11) 이관직, 『성경과 분노심리』(대서, 2007), 14.

12) Riso & Hudson, *Understanding the Enneagram*(Houghton Mifflin, 2000), 48-49.

13) Walter C. Jackson, *Codependence and the Christian Faith*(Nashville, TN: Broadman Press, 1990), 15-18.

14) Irvin D. Yalom, *The Theory and Practice of Group Psychotherapy*, 4th ed.(New York: Basic Books, 1995), 5-7.

15) 필립 얀시, 『아 내 안에 하나님이 없다』(좋은 씨앗, 2000), 359-360.

16) Ronald H. Rottschafer, "Grace and the Importance of the Self," in *Christian Perspectives on Human Development*, Leroy Aden, David Benner & J. Harold Ellens(eds.)(Grand Rapids, MI: Baker, 1992), 145-156.

17) Walter E. Conn, *The Desiring Self*(New York: Paulist Press, 1998).

18) 데이빗 칼슨, 『자존감』, 이관직 역(두란노, 1995), 22.

19) Riso, *Personality Types*(Mariner books, 1996), 110.

20) 데이빗 칼슨, 『자존감』, 166-180.

21) 애너-마리아 리주토, 『살아있는 신의 탄생』, 이재훈 외 공역(한국심리치료연구소, 2000).

22) M. Scott Peck, *The Road Less Traveled*(New York: A Touchstone Book, 1978).

23) Riso, *Personality Types*, 220.

24) 같은 책, 221.

25) Ken Sandy, *The Peacemaker*, 3rd ed.(Grand Rapids, MI: Baker, 2004), 12-13.

26) Richard Rohr & Andreas Ebert, *Discovering the Enneagram*, Peter Heinegg(trans.) (New York: Crossroad, 1993), 213-226.

27) Riso & Hudson , *Understanding the Enneagram*, 225.